노춘귀 산문집

잠시 멈춰도 괜찮아

잠시 멈춰도 괜찮아

노춘귀 산문집

1판 1쇄 인쇄/ 2023년 3월 25일
1판 1쇄 발행/ 2023년 3월 30일

지은이 / 노 춘 귀
펴낸이 / 우 희 정
펴낸곳 / 도서출판 소소리

등록 / 제300-2007-21호
주소 03073 서울 종로구 성균관로5길 39-16
전화 / 765-5663, 010-4265-5663
e-mail: sosori39@hanmail.net
www.sosori.net

값 14,000원

*잘못된 책은 바꿔드립니다.

ISBN 979-11-5891-178- 2 03810

잠시 멈춰도 괜찮아

노춘귀 산문집

책을 내면서

있는 그대로의 생명력으로 다가가기를

하루하루 겪은 일이나 생각, 느낌을 있는 그대로 일기를 쓰듯, 지난해 여름부터 올봄까지 나는 살아있음을 확인하고 싶어 간간이 나의 삶을 단상으로 기록했습니다. 일을 하고 여행을 하고 길을 걷고 사람을 만나고 책을 읽고 글을 썼습니다. 기록된 나의 삶은 내 개인의 인생으로, 역사로 남겠지만 기록하지 않는 것은 모두 사라집니다. 그렇다고 나의 삶이 따뜻하고 빛나는 것도 아니며 진한 인간적 향기나 삶의 깊이가 있는 것도 아닙니다. 오히려 많이 부족하고 다듬어지지 않은 것들로 매우 사적이고 민낯을 드러내는 글입니다. 솔직함과 있는 그대로의 생명력으로 읽는 이들에게 다가가고 싶었습니다. 공감과 즐거움을 느낄 수 있기를 기대합니다.

고국을 떠나 미국 보스턴 Harvard 의대에서 연구에 몰두하고 있는 큰아들 강산이, 교보생명에서 열심히 근무 중인 둘째 아들 현명이와 삼성디스플레이에서 근무 중인 둘째며늘아기 김민정, 늘 글을 쓸 수 있도록 응원하고 용기를 준 아내 방앵순 스텔라에게 뜨거운 사랑과 고마움을 전합니다.

2023년 1월 15일 청담동에서

프란치스코

▷ 차 례

2. 여름과 가을 사이

3. 솜털처럼 가볍게

4. 시간이 답이다

5. 신이 존재하는 이유

6. 얼음기둥이 되어

7. 봄비 내리던 날

1.

오늘만 같았으면

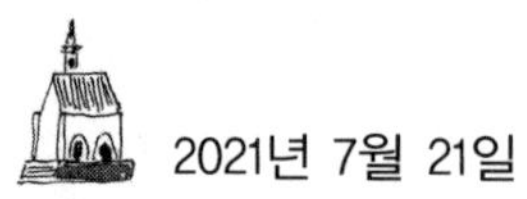

2021년 7월 21일

소중한 선물

우리 사람을 창조하신 하느님은 시간이라는 소중한 선물을 누구에게나 태어나면서부터 공정하게 주셨다. 하지만 사람들은 시간의 소중함을 모르고 살아간다. 어쩌면 시간은 누구에게나 거저 주어졌기 때문이다. 주위 사람들이 나이 들고 때가 되어 하늘나라에 가도, 자신만은 아직은 때가 아니라고 생각하거나 믿기 때문이다. 그건 착각이다. 착각인 줄 알면서도 착각 아닌 양 사는 것이 우리 사람이다. 사람들은 사랑하는 사람이나 친구 친인척들이 영원히 돌아올 수 없는 하늘나라에 갔을 때 그 착각에서 깨어난다. 그때서야 불현듯 자신도 모르게 시간이 저만치 흘러가 다시 돌이킬 수 없음을 알게 된다.

나도 그랬다. 마흔 살이 되고서도 쉰 살이 아주 멀리 있는 나이인 줄 알았다. 하지만 쉰 살이 되는데 그리 오래 가지 않았다. 쉰 살이 되고서야 알았다. "10년이면 강산이 바뀐다."고

해 아주 오랜 시간, 꽤 긴 세월처럼 생각되었지만 10년은 아주 짧은 시간이었다. 다시는 돌이킬 수 없는 시간을 멀리 보내고서야 깨달았다. 왜 하루하루를 진지하게 살아야하며 잠깐도 허튼 시간을 보내서는 안 된다는 것을 나는 그때 알았다. 그냥 거저 주어진 시간이라고 의미 없이 보내서는 안 된다. 하루를 살아도 가치 있고 보람되게 살아야한다. 오늘도 나에게는 그런 날의 하루다.

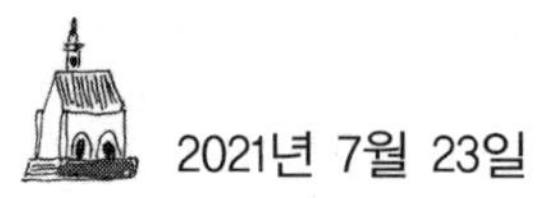

2021년 7월 23일

근성과 집념이 아름다운 이유

어떤 어려움이나 고난 없이 쉽고 편하게만 살아온 사람은 상황 변화에 따른 대처 능력이 떨어질 수밖에 없다. 이런 사람은 어려움이나 힘든 난관에 조금만 부딪치면 앞으로 한발도 나아가지 못하고 우왕좌왕하다 뒤돌아서거나 우회하거나 포기하고 만다. 그만큼 끈질긴 근성과 집념으로 어렵고 힘든 세상과 자신을 극복하려는 의지와 열정이 부족하기 때문이다.

손을 뻗어 하늘의 빛나는 별을 따고, 잡힐 듯 잡힐 듯하면서도 바람처럼 빠져나가는 꿈을 움켜쥐기 위해서는 지금 겪는 이 고난과 고통은 힘들고 아프지만, 앞으로 다가올 아름답고 빛나는 세상을 만들기 위해서, 하늘이 먼저 나에게 주는 좋은 선물이기도 하다.

어려운 시련과 고난을 극복하고 꿈을 이룬 사람들이 더 아름답고 훌륭하게 느껴지는 것은 나만의 착각인지 모르겠지만, 힘들고 어려운 난관을 극복하고 그 꿈을 이룬 사람들의 굳은 의지와 끈질긴 근성과 집념이 무엇보다 빛나고 아름답기 때문이다. 오늘만이라도 한번 해보고 싶었으나 한 번도 해본 적이 없는 일을 마음껏 해봐야겠다.

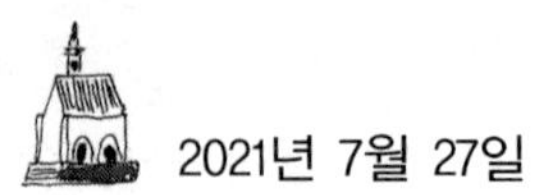 2021년 7월 27일

뜨겁게 익어가는 것들

한낮의 뜨거운 햇살과 밤에도 식을 줄 모르는 열대야는 어른으로서 지켜야할 최소한의 체면에도 아랑곳하지 않았다.

열대야로 잠 못 든 밤이 벌써 여러 날이다.

하지만 더위로 잠 못 이루는 인간과 달리 여름은 매미의 계절이다

가로등 불빛과 네온사인으로 대낮 같이 밝은 도시의 밤낮을 구별하지 못하고, 밤에도 매미들은 온몸으로 떼창을 한다.

그것도 종족번식과 생존을 위한 몸부림이란다.

한 계절 뜨겁게 살고 가는 매미도 우리 인간의 삶과 너무 닮았다.

이 뜨거움으로 곡식들은 하루가 다르게 익어가고 참외 수박은 더 달달한 과일이 되어간다. 너도, 나도 우리 모두가 이 여름에 무엇 하나 뜨겁게 익어갔으면 좋겠다.

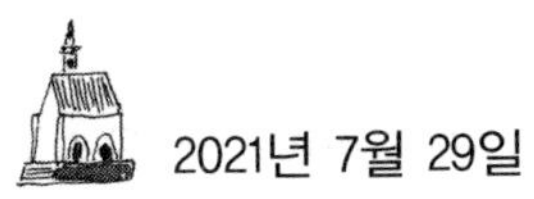

2021년 7월 29일

내가 살아있음을 확인한다

나는 내 일상과 생각과 마음과 감정을 하얀 백지 위에 쓰면서 내가 살아있음을 확인한다. 내게 숨겨진 깊은 내면과 소소한 일상을 어루만지고 쓰면서 내가 세상과 교감하고 소통하고 있음을 느낀다. 뒤섞이고 헝클어진 마음을 다잡고, 질퍽거리는 감정을 다듬어가는 나의 글쓰기는, 내가 누구인지 내가 무엇을 원하고 사랑하며 어떻게 살아가야 하는지를 내 스스로에게 묻고 답하는 과정이다. 나는 스스로 계획하고 원하고 바라는 목적지를 향해 끊임없이 달려가지만, 때로는 길도 벗어나고 잃어버린다. 하지만 다시 가야할 길을 찾는 것도 글쓰기를 통해서다.

사람은 저마다의 방식으로 자신이 바라고 원하는 삶을 보다 즐겁고 행복하기 위해 자신의 길을 걷는 것이다. 젊은 날에는 나는 앞만 보고 뛰었다. 오직 목표와 목적지만 있었다. 주위를 돌아보거나 살펴보지 못했다. 오롯이 사랑하고 또 사랑했어야

할 것들에 너무 무심했다. '지금, 바로 여기'가 없었다. 이제 발걸음을 멈추고 걸어왔던 길을 되돌아본다.

잠시 멈춰도 괜찮다. 울퉁불퉁한 길이지만 멋진 풍경이다. 내 삶에서 글쓰기는 즐거운 고통과 행복한 고민의 시간이다. 나의 길을 가는데, 내게 주어진 '지금 바로 이 시간'만큼은 나의 마음을 붙잡는 데에 최선을 다하자. 나에게는 나의 마음을 붙잡는 것이 나의 글쓰기다.

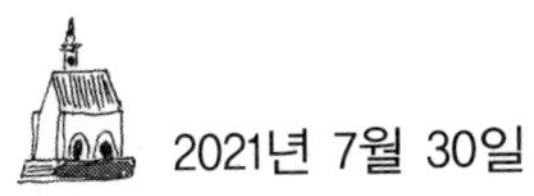

2021년 7월 30일

나는 무서운 놈

나는 몸으로 하는 것은 부모님으로부터 받은 유전자가 없어서인지 어려서부터 운동소질도 없었고 불타는 전투 의지도 없어 상을 받아본 적도 없다. 그렇다고 말로 싸우는 것도 능하지 못하고 서툴다. 나는 고향인 함평(나비축제로 이름난 곳) 초동이라는 농촌마을에서 6킬로쯤 떨어진 학다리중학교를 친구들과 걸어 다녔다. 학교 오가는 길목에는 다른 학교에 다니는 무섭고 나쁜 형들이 사는 마을 앞을 지나 다녔는데 늘 그 형들과 마주칠까봐 항상 두려웠다.

중학교 2학년이었던 봄 어느 날이었다. 학교 수업이 끝나 그 마을 앞을 지나 친구들과 집으로 가고 있었다. 그때 내가 무서워하는 형이 마을 앞에서 나를 기다렸다는 듯이, 나를 보자마자 손짓으로 부르더니 "건방지게 인사도 하지 않느냐"고 시비를 걸며 다짜고짜 나를 발로 차고 주먹으로 가슴을 쳤다.

이때였다. 어디서 그런 용기가 나고 힘이 솟아났는지 모르지만. 순간 나는 전광석화처럼 그 못된 형을 논바닥에 넘어뜨리고 꼼짝 못하도록 맨주먹으로 인정사정없이 두들겨 패서, 코피가 터지고 얼굴이 피투성이가 되어 일어나지 못할 만큼 만들었다. 그날 내가 아주 무서운 놈이란 걸 확실히 보여줬다. 나도 꽤 얻어맞았지만 내가 무섭고 두려워 그 못된 형들이 나를 보면 슬슬 피하도록 완전히 그날 제압했다. 그 이후로 나는 무서운 놈으로 소문이 났고, 그 마을 앞을 졸업할 때까지 두려움 없이 다닐 수 있었다.

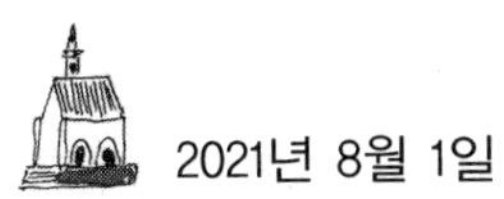

2021년 8월 1일

여행은 시원한 갈증이다

결혼생활하면서부터 어린 아이들과 방학 때면 여행을 다녔다. 약간의 방랑벽이 있는 나에게는, 여행 떠나는 날을 손꼽아 기다리는 마음은, 젊은 날 여행 떠날 때나 35여 년이 지난 지금이나 기대와 설렘이다. 그날이 그날 같던 평범한 일상을 접고 해마다 용광로 같은 뜨거운 여름과 매서운 겨울의 혹한을 헤집고 떠나는 여행은 잠시 삶의 일탈이지만, 떠난다는 그 자체가 기쁨이고, 나와 가족에게는 다가올 새로운 날들의 희망과 생기와 즐거움을 불어넣는 에너지 충전의 기회였다.

해마다 계절 따라 발생하는 여름의 폭우와 긴 장마도, 겨울의 혹한과 폭설도 익숙한 곳을 떠나 낯선 곳으로 떠나는 나의 설렘을 막지 못했다. 오히려 자연환경의 변화로 짧은 시간밖에는 길 위를 걷고 즐길 수 없다는 것이 우리를 더 신나고 아름답게 했다. 하지만 코로나 팬데믹으로 인한 강력한 '거리두기 4

단계' 격상으로 계획했던 올 여름 해외여행을 떠나지 못했다. 계획 하나가 너무나 쉽게 허물어졌다. 하늘이, 환경이, 사람이 도와주지 않으면 혼자의 힘만으로는 되지 않는 것이 세상에는 많다. 낯선 먼 길 여행은 떠나지 못하지만 더 뜨겁고 시원한 갈증으로 나를 위해, 나를 향해 천천히 짧은 여행을 해야겠다.

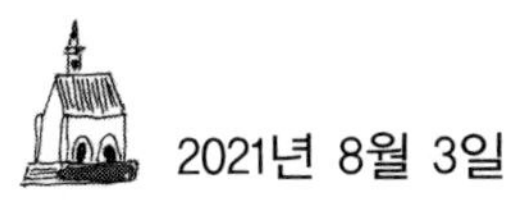 2021년 8월 3일

나도 그렇다

불덩이처럼 달구어진 대지를 식혀주는 단비가 모처럼 간밤에 내렸다.

찌고 뜨겁던 더위가 잠시나마 물러간 듯하다.

아침에 한강변 오솔길을 천천히 아주 천천히 걸었다.

지난여름 한 달 내내 강변오솔길에 공공근로 어르신들이 땀 흘리며 심었던 어린 묘목과 꽃들이 그동안 비가 내리지 않아 시들어가고 있었는데 하룻밤 촉촉이 내린 비로 나무와 꽃들도 목을 축이고 다시 일어나고 있었다.

말 못하는 생명들의 허기진 갈증은 어찌 오솔길의 풀과 나무와 꽃뿐이겠는가!

지구의 한 모퉁이를 지키며 살아가는 모든 생명체들은 비, 바람, 햇빛 어느 것 하나만 부족해도 배고픔과 목마름으로 힘들어하지 않겠는가?

이기심과 욕망들로 가득 채워진 정글 같은 이 세상에서 한 송이 꽃으로 피어나기 위해 우리 인간들은 얼마나 흔들리고 부딪히는 삶을 견뎌내야 하는가.

배려하는 마음과 절제하는 이성으로 목마름을 달래보고 참아보지만, 말을 하지 않아 그렇지 사람은 누구나 세상이 허기지고 배고프다. 나도 그렇다.

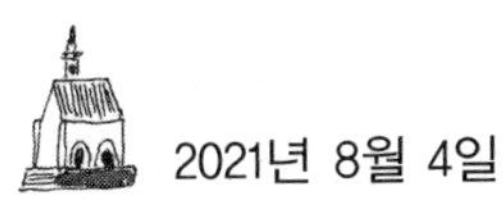
2021년 8월 4일

좋은 인연

지금까지 살면서 내 주위에는 많은 사람이 있었다.

내 가까이에 어떤 사람이 있었느냐에 따라 그때마다 생각, 행동, 행복의 크기와 무게도 달랐다. '나 자신만 바르고 올곧게 살면 된다'라고 하는 사람도 있지만, 우리가 사는 세상은 알게 모르게 서로가 서로에게 영향을 주고받으며 희로애락을 함께하며 살아갈 수밖에 없다.

세상을 잘못 살아가는 놈들의 얘기지만, 소매치기는 소매치기끼리, 도박꾼은 도박꾼끼리, 끼리끼리 모여야 서로가 손기술과 대처방법도 가르쳐 주고 장사가 잘 되는 곳도 가리켜 줘야 속된 말로 사업이 번창한다고 한다.

그렇기에 만나고 소통하고 함께할 사람을 선별할 수 있는 안목과 지혜도 있어야하겠지만 우리는 자신의 앉고 설 자리를 살필 줄 알아야한다. 타인을 배려하지 못하고 같은 말을 되풀이

하는 사람, 사람을 보고도 인사할 줄 모르는 사람, 타인의 장점보다 단점만을 꼬집어 뒷담화를 좋아하는 사람, 자신만이 옳다는 사람, 돈이면 뭐든지 된다고 하는 사람, 자신의 종교만이 전부라고 믿는 사람. 이런 사람들과 함께한다면 그들에게서 어떤 영향을 받을지 스스로 돌아보고 살펴야 한다. 그래서 나는 그들의 영향을 줄이고 최소화하는 데 앉고 설자리를 종종 살핀다.

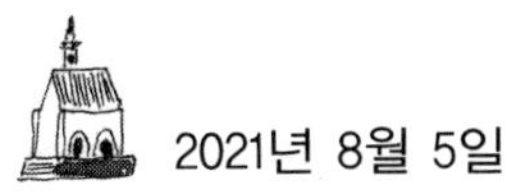
2021년 8월 5일

행복한 삶

우리가 살면서 진실로 행복하고 성공한 사람은 '자신이 좋아하고 평생 잘할 수 있는 것을 즐기며 사는 사람'이라고 사람들은 말한다. 나 자신도 그렇게 생각한다. 사람들은 자신이 좋아하고 평생 잘 할 수 있는 그 길을 젊은 날에 일찍 빨리 찾고 싶어 하지만 그 길은 누구에게나 쉽게 보이거나 찾아오지 않는다. 어느 누구는 자신의 길을 일찍 찾아가는 이도 있지만, 어느 누군가는 많은 시간을 아깝게 허비하고서야 겨우 찾고, 어느 누구는 평생 자신의 길을 찾지 못하고 허둥지둥 삶을 마감하는 사람도 있다.

좋아하고 평생 잘 할 수 있는 것이라 할지라도 쉽고 편한 길은 없다. 그렇다고 어렵고 힘든 길이라 할지라도 가지 못할 길은 없다. 산다는 것은 어떤 길을 가든 누구에게나 처음 가는 길이기에 낯설고 어설프고 새롭다. 지금까지 내가 걸었던 길도 그랬다. 지금도 나는 내가 가는 길이 바르고 옳다고 장담할 수 없다. 하지만 내가 가는 길이 하느님께서 내게 주신 달란트만큼 최선을 다한 삶이기에 만족할 수는 없지만 후회하지 않는 삶이었다. 우리의 삶은 머뭇거리거나 머물 수 없기에 앞으로 전진해야하고, 오늘보다 나은 내일을 기대하며 살아갈 수 있음에 감사하다.

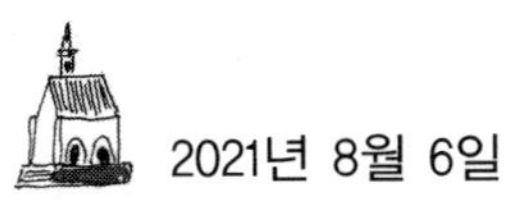

2021년 8월 6일

좌우명

어제는 잘 살았는가?
오늘은 잘 살고 있는가?
내일은 어떤 마음으로 맞을까?
군자는 다만 이 사흘을 마음에 두고 매일 매일에 충실할 뿐이다.

위 글은 18세기 조선 정조 때 실학자 이덕무가 자신의 책에 이 좌우명을 써 놓고 인생 지표로 삼았던 글이다. 나도 이덕무의 좌우명이 마음에 와 닿아 일기노트 앞머리에 써놓고 일기를 쓸 때마다 음미해 본다. 하루하루 살아가는 옛 사람의 다짐이지만, 200년이 지난 오늘을 사는 나도 이 좌우명을 소리 내어 읽어 볼 때마다 하루하루가 새롭고 새롭다. '군자'를 '나'로 바꿔 낭송해 볼 때마다 마음과 자세와 다짐도 새로워진다.

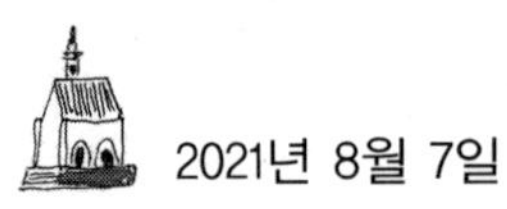
2021년 8월 7일

오늘이 그날이다

오늘 아침 한강변 산책길을 걷는데 아침마다 떼창으로 노래하는 매미 울음소리가 나지 않았다.

어제 아침까지만 해도 매미 떼창 소리에 바로 옆 사람과의 큰 목소리로 하는 대화도 들을 수 없었는데.

왜? 갑자기 매미는 떼창을 멈췄을까?

매미에게 직접 물어볼 수가 없어 집에 돌아와 곰곰이 생각해봐도 그 이유를 알 수 없었다.

그렇다!

어쩌면 매미도 우리 사람들처럼 놀고, 잠자고, 때로는 아무것도 하고 싶지 않은 때가 있는 것이다.

바로 오늘이 그날이다.

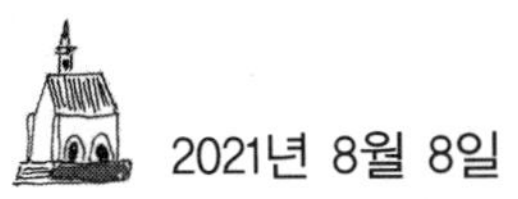 2021년 8월 8일

나를 즐겁게 하는 것들

요즘 나는 주위의 가까운 사람들로부터 설렘과 열정과 기쁨과 희망을 맛본다.

한여름의 무덥고 찌는 더위에도 도봉산을 오르며 사진 몇 컷을 보낸 친구.

대관령 옛길을 가족과 걷으며 즐거운 한때를 보낸다는 소식을 전해 준 동생.

횡성호수로 순례여행을 떠난 P선생님의 상큼한 사진 몇 컷과 몇 줄의 글.

뙤약볕에서 옥수수 수확했다고 포대자루로 한가득 보내 준 동생의 처가댁.

무더위 이기고 건강하도록 복날에 맞춰 복달임하라고 둘째아들 회사에서 보내 준 복숭아 한 상자와 수박, 그리고 춘천닭갈비 한 세트.

어디 이것들뿐이겠는가?

오가다 길에서 마주치면 "막걸리 한 잔 하고 쉬어가라, 차 한 잔 하며 얘기 나누다 가자"는 이웃들의 따뜻한 말 한마디가 나에게는 피서고 위로고 힘이다. 오늘도 나는 이들의 관심과 응원으로 소중한 하루를 시작했고, 태양이 지면 기쁘게 하루를 닫을 것이다. 나도 어느 누군가에게 나의 이름으로 시원한 그늘이 되고 기쁨과 힘이 되는 사람이 되어야겠다.

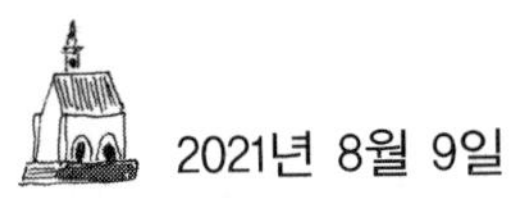

2021년 8월 9일

몸과 마음을 깨우기 위해 걷는다

이른 아침에 일어나 잠이 덜 깬 몸을 깨우기 위해 집 근처 청담중학교 인조잔디운동장을 땀이 옷에 흠뻑 젖을 만큼 걸었다. 처음 첫 바퀴를 돌 때는 10년도 더 사용한 우리 집 신일 선풍기처럼 느릿느릿 천천히 1단으로 걸었다. 하지만 서너 바퀴부터는 2단으로 바람을 일으키며 속도를 내어 걸을 수 있었다. 그때서야 내 몸은 땀방울이 흘러 가슴 부분의 운동복이 땀으로 흠뻑 젖었고 잠자던 몸도 정상 컨디션으로 돌아온 듯 민첩하게 움직였다.

마음도 그렇다.

내가 당연히 해야 할 일이지만 게으름을 피우거나 늦장을 부리는 것은, 아직 하고 싶은 마음이 열리지 않았거나 준비되지 않았기 때문이다. 이때는 마음도 잠들어 있는 몸처럼 움직여 깨워야 한다. 움직이지 않고 가만히 있어서는 깨어나지 못한다.

이럴 때 마음을 깨우기 위해 걷는다. 즐겁게 지칠 만큼 행복하게 걷다보면 몸은 녹초가 되지만 마음은 깨어나고 열린다. 그때서야 마음이 무엇을 해야 하고 무얼 시작해야 하는지 나는 자연스럽게 알게 된다.

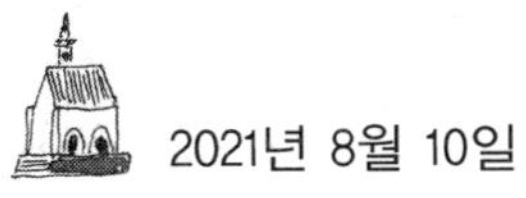
2021년 8월 10일

삶은 반전이다

사람마다 취향과 취미가 달라 즐겨보는 TV프로가 다르다. 우리 가족만 해도 그렇다. 두 아들은 영화나 오락 프로를 좋아하지만, 아내는 서로 다른 생각과 의견을 가진 패널들이 논쟁하는 시사 프로나 뉴스를 즐겨 시청한다. 하지만 나는 젊은이들이 오디션을 통해 경쟁하며 최종 우승자를 뽑는 서바이벌 음악프로를 특별히 재밌게 본다. 그곳에는 숨겨진 재능을 가진 참가자들의 오랜 세월의 가난과 무명의 설움, 그리고 가족의 슬픈 얘기가 공개될 때마다 방청객들뿐만 아니라 그 장면을 지켜보는 시청자인 나도 눈시울을 붉히곤 한다.

어느 누구에게나 삶 뒤에는 안타까운 사연과 슬픈 얘기가 있게 마련이지만 특별히 젊은이들이 꿈을 이루기 위해 최선을 다하다가, 패배 앞에서 흘리는 구슬 같은 눈물을 볼 때면 마음이 더 절이고 아프다. 그래서인지 내가 응원하는 젊은이가 당당하게 경쟁하다 오디션 중에 탈락하면 그렇게 마음이 아프고 내가 탈락된 것처럼 가슴이 시리다. 하지만 어렵게 올라가 마지막까지 최종 우승자가 되어 트로피와 상금을 받을 때면 내가 우승한 것처럼 즐겁고 기쁘다. 가난과 무명의 오랜 설움을 견디고 이겨내는 젊은 그들에게서 나는 인생의 반전과 열정을 다시 배운다.

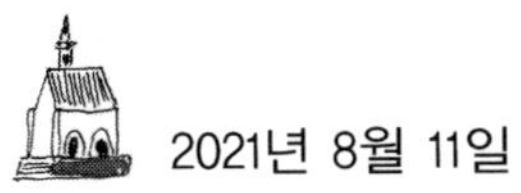

2021년 8월 11일

오늘만 같았으면

맑고 푸른 하늘과 빛나는 태양.

간간이 창공을 떠도는 목화솜보다 더 흰 솜털구름과 조각구름.

나무와 나무 사이사이를 헤집고 다니며 나뭇잎을 흔드는 바람.

한낮은 용광로보다 찌고 뜨겁지만 어쩌다 시원한 바람이 옷깃을 스치는 오늘 같은 여름날이 나는 좋다.

어느 날엔가 저 푸르디푸른 나뭇잎도 불그스레한 단풍잎으로 물들어가겠지만 저 둥그런 하늘처럼 내 마음도 마냥 오늘 같았으면 좋겠다.

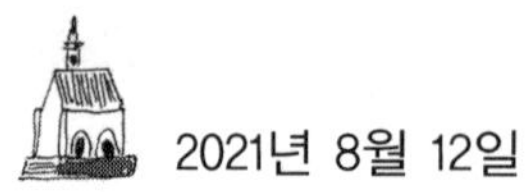

2021년 8월 12일

강릉 사천해변에서

뜨거운 햇볕이 내려앉는 한여름에도 검푸른 강릉 사천해변 앞바다는 하얀 거품을 품은 파도가 쉼 없이 해안선으로 밀려든다.

태초에 하느님은 바다를 창조면서 파도에게 잠시도 쉬지 못하도록 일해야 할 운명으로 창조하셨는가 싶다.

그렇지 않다면 바닷가 모래 언덕에 산산이 부서지고 말 저 파도를 잠깐도 쉬지 못하도록 갯바람까지 채찍질을 한단 말인가!

오늘 잠시만이라도 저 거친 파도가 사천 해솔길 그늘 아래서, 나와 차 한 잔 하며 도란도란 얘기 나누다 쉬어갔으면 좋겠다.

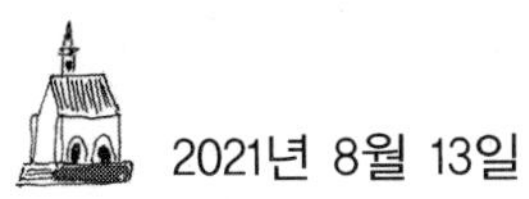

2021년 8월 13일

경포해변에서

솔향기 풍기는 테라로사카페에서 바다를 바라보다가 경포해변을 걸었다.

몸을 스치는 바닷바람이 예사롭지 않다.

시원함은 넘어 쌀쌀했다. 확실히 엊그제와 달리 오늘 다가와 스치는 바람은 가을바람이다.

사천해변에서 경포해변까지 해안선을 따라 해솔길과 낭만가도를 걸었다. 행복하게 지치도록 가깝고도 먼 거리를 바다에 어둠이 어둑어둑 내려앉을 때 걸음을 멈췄다.

오늘 같은 내일을 기대하며 밤새도록 철석거리는 파도소리에 잠이 들었다.

내일 아침에는 붉게 떠오르는 동해바다 해돋이를 희망차게 맞이해야겠다.

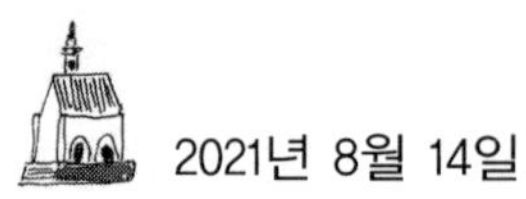
2021년 8월 14일

참새 방앗간

속초와 강릉 백오십 리 길 해안도로와 낭만가도를 여행 내려오던 첫날부터 사흘째 수평선 바다와 주름진 푸른 산야를 바라보며 카페와 해변과 해솔길을 뜨거운 햇살과 동행해 걸었다. 바다정원, 그곳. 보헤미안, 박이추 커피공장, 테라로사, 안목해변 해솔길은 우리 부부가 동해바다에 내려올 적마다 참새가 방앗간 들르듯 빠지지 않고 차 한 잔 하다 머물다 가는 여행코스다.

코로나 팬데믹으로 낯선 나라로 떠나지 못하고 올해도 한 달에 한 번씩 짧지 않은 여행을 동해바다에서 보냈다. 내려올 적마다 같은 장소를 찾고 같은 사람을 만나도 늘 정겹고 새롭다. 풍경과 사람이 새롭기 때문일 것이다. 언제 어느 곳을 가도 요즘은 젊은 연인들과 가족단위로 여행 온 사람들이다. 소문나고 알려진 곳은 아니지만 젊은이들이 모이는 곳은 어디를 가도 맛있는 맛집과 숨겨진 아름다운 풍경을 즐기는 이들이 있다. 삶과 풍광을 즐길 줄 아는 이들의 멋진 모습이다. 코로나로 서로가 배려를 위해 거리두기를 하지만, 저만치 나무 밑에 앉아 차 한 잔 앞에 놓고 도란도란 다정스럽게 얘기하며 웃음꽃 피우는 젊은 연인들의 모습은 이 세상에 이보다 더 아름답고 사랑스런 풍경은 없다.

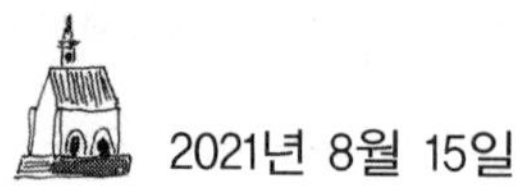

2021년 8월 15일

여행을 떠나는 이유

속초 강릉에서 3박 4일 동해바다 여행일정을 마치고 서울 집으로 귀가하자마자 다시 여행을 떠나기 위해 짐을 꾸렸다. 아름다운 남해바다를 품고 있는 '한국의 나폴리'라 불리는 통영과 거제도를 가고 싶었다. 2년 만이다.

'물건을 살 때 살까말까 망설여질 때는 사지 않는 것이 잘하는 것이고, 어디론가 떠나고 싶을 때 갈까 말까 망설어질 때는 떠나는 것이 현명한 선택이다'라고 어느 여행가는 말했다. 모르긴 해도 '여행은 떠나고 싶을 때 떠나야 후회하지 않는다.'는 말은 많은 여행과 인생 경험에서 터득한 삶의 지혜로 맞는 말이다. 여행과 인생길은 늘 한 직선상에 있는 수많은 점(경험과 지혜)들의 집합이고 같은 방향으로 지향하는 속성을 지녔다.

그래서인지 여행은 비범함과 평범함을 가르기도 한다. 너무나 익숙한 현실에서 벗어나고, 지칠 대로 지친 몸과 영혼을 달

래주고, 우연한 기적과 새로운 삶을 기대하며 여행을 떠난다. 그래서 여행은 설렘이고 경험이다. 초등학교 때 하루 가는 소풍이라도 얼마나 기대되고 설렜기에 잠을 설쳤는지 돌이켜보면 여행의 힘을 느낄 수 있다. 여행을 통해 경험하면 무엇이 값지고 보람된 것인지 알게 된다. 어떤 일이든 경험하고 나면 그것에서 얻는 값진 경험과 교훈이 그 사람의 인생을 반드시 바꿔 놓기 때문이다. 작든 크든 경험과 교훈이 쌓여 그 사람의 인생이 되는 것이다. 인생은 여행이다.

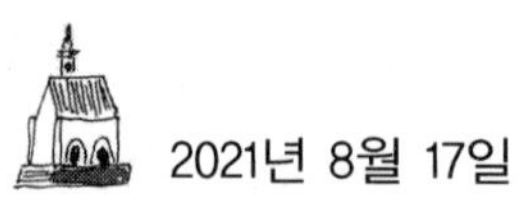

2021년 8월 17일

통영에서

여행 첫 번째 목적지 통영 '나폴리호텔'에 짐을 풀고 통영에서 가장 크고 오래된 전통시장인 중앙시장 횟집에서 올 들어 처음 남해바다에서 잡았다는 가을전어를 회와 구이로 맛봤다. 확실히 집나간 며느리도 맛보면 돌아올 만큼 전어 맛은 침이 고이도록 입맛을 달궜고 고소했다. 더구나 소주 서너 잔을 곁들어서인지 마지막 가는 여름의 열기가 뜨겁게 달아올랐다. 숙소에서도 밤늦게까지 잠에 들지 못해 소파에 뒹굴다가 겨우 잠이 들었다.

얼마나 밤이 지났을까. 새벽에 바닷가 사람들의 왁자지껄한 말소리에 잠이 깨어 어두운 밤바다를 바라봤다. 새벽 일찍 일하러 나가는 사람들이다. 바닷가 사람들은 목소리도 크지만 참 부지런하다. 리어카에 짐을 가득 싣고 끌고 가는 아낙네, 어디론가 일하러 가는 낯선 얼굴의 외국인 노동자들, 선창가 바다에서 낚싯

대를 던지는 노인의 풍경이 나에게는 정겹고 여유롭다.

숙소를 나와 아침 산책 겸해 동피랑 언덕길을 돌고 돌아서 전망대까지 아내와 올랐다. 이른 시간이라 관광객은 우리뿐이었다. 전망대에 올라 통영을 한눈에 집어넣고, 다시 언덕길을 돌아내려와 바닷가를 걷다가 아침식사로 충무김밥을 먹었다. 통영의 명물인 꿀빵도 한 보따리 샀다.

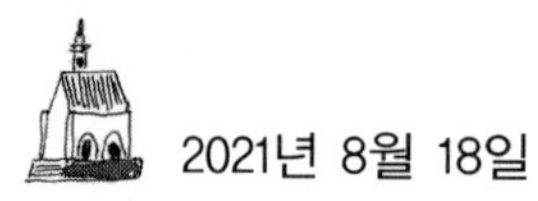

2021년 8월 18일

세월은 주인도 바꾼다

'세월은 주인도 바꾼다.'는 격언은 틀린 말이 아니었다

좋았던 10년 전의 옛 추억을 되살려 하룻밤을 다시 보내고 싶어 찾아간 거제도 해금강 '솔레미오 모텔'은 옛 모습 그대로이었으나, 웃으며 상냥스럽게 반겨주던 인상 좋았던 그때의 여주인장은 멀리 떠나고 새 여주인장이 우리를 반갑게 맞아 주었다. 친절한 새 주인장은 두 번이나 주인이 바뀐 '솔레미오' 얘기를 커피 한 잔 내주며 우리 부부에게 자세히 들려주었다.

하룻밤 묵고 가는 여행객에게 좋은 인상을 남겨 준 사람, 한 끼의 소박한 식사와 차 한 잔으로 따뜻한 정을 느끼게 해준 사람, 헤어지면서 다시 보자고, 보이지 않을 때까지 손을 흔들어 주던 사람, 여행길에서 이런 사람을 만난다는 것은 뜻밖의 행운이고 큰 선물이다.

바로 이곳이 나에겐 그런 만남과 인연을 주었던 아름다운 곳이었다.

……

세월은 주인을 바꿔 놓았지만 따뜻하고 정겨웠던 인연은 그 때를 다시 소환했다. 건너편 '바람의 언덕'엔 바람이 지금도 그 때처럼 불고 있었다.

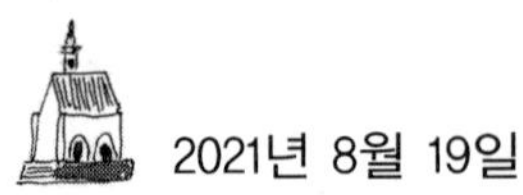 2021년 8월 19일

여행 떠날 때면

여행 떠날 계획을 세울 때마다 나는 가끔 가본 적이 없는 새롭고 낯선 곳을 가보고 싶었고, 상상도 할 수 없는 아주 먼 길을 두 발로 행복하게 지치도록 걸어보고 싶다.

그리고 가능하면 언제든지 즐겁게 웃으며 발걸음 맞춰 함께 떠날 수 있는 길동무가 두세 명쯤 있었으면 참으로 좋겠다.

여행을 떠날 때마다 나의 바람을 도와주시라고 무릎을 내려놓고 간절히 나의 하느님께 기도하곤 한다.

먼 길 낯선 길을 떠날 때마다 나의 안녕을 위해 기도해 주시는 분들과 나와 동행하는 모든 이들에게는 용기와 힘을 주시라고, 어려움과 고난에 부딪치더라도 주저하는 마음을 이기게 하고, 지칠 때마다 다시 일으켜주시라고 기도한다.

여행길에서 만나는 풍경, 사람, 사물을 보고 느끼고 감동하는 것을 넘어 오롯이 새롭고 희망찬 나의 삶이 되도록 기도한다.

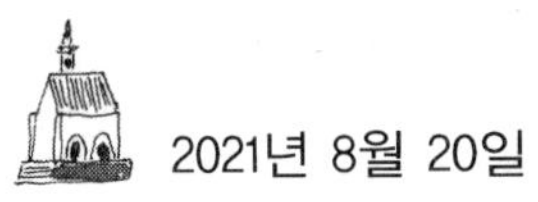

2021년 8월 20일

거제도 몽돌해변 합창소리

바다 건너 도장포 '바람의 언덕'에서 불어오는 바람을 맞으며 몽돌해변 벤치에 앉아 몽돌 구르는 소리에 귀 기울이며 해변에 파도 부서지는 모습을 눈여겨 한동안 바라보았다.

얼마나 긴 세월 동안 파도에 씻기고 씻기면 화강암처럼 단단한 모난 돌들이 저렇게 매끈매끈하고 둥글둥글한 몽돌이 될 수 있을까?

억겁의 시간이 흐른다고 모난 돌들이 저절로 저렇게 둥글어질 리가 없다.

밀물과 썰물, 파도와 바람에 씻기고 씻겨 수억 번 부딪치고 몸에 피멍이 들고 상흔이 지고 나야 둥글 몽실한 몽돌이 되는 것이다.

사람도 그렇다.

시련과 고통, 고난과 모진 세파에 수천 번은 흔들리고 깎여야 저 몽돌처럼 단단해지고 둥글둥글한 사람이 되는 것이다.

그냥 저절로 둥글둥글한 사람이 될 리가 없다.

저 거친 파도에 씻기고 씻겨 몽돌이 구르는 소리는 몸이 아파서 우는 소리가 아니다.

세상을, 자연을, 자신을 이겨낸 몽돌들의 아름다운 합창소리다.

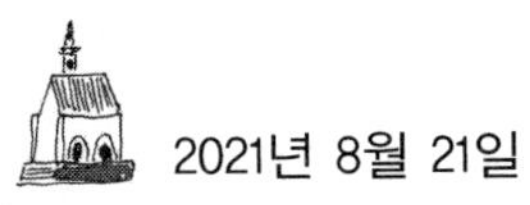
2021년 8월 21일

방학숙제

찌고 뜨겁던 여름도 이제 거의 막바지에 왔다.

회사업무 차 지방출장을 마치고 본연의 일터로 돌아갈 때나, 먼 길 떠나 낯선 여행을 마치고 익숙한 내 보금자리로 돌아갈 때는 몸은 지쳐 천근만근 무겁지만 마음만은 솜털처럼 가볍고 홀가분하다.

하지만 내 어릴 적 초등학교 기억 중 여름방학이 끝났어도 방학숙제 다하지 못해 약해지고 작아져 학교에 가고 싶지 않을 때가 한두 번이 아니었다.

강산이 몇 번 바뀐 꽤 많은 세월이 흘렀어도 그때의 일만 생각하면 엊그제의 일처럼 초등학교 방학숙제에 대한 아픈 기억이 짙게 되살아난다.

여름 방학숙제 중 곤충채집과 일기쓰기는 방학 내내 놀다가 2학기 개학에 맞춰 며칠 만에 끝낸다는 것은 초등학생에게는 어렵고 힘든 숙제 중에 숙제였다.

'일기쓰기'는 기억을 되살려 며칠씩 모아서 쓸 수 있었으나, 그날그날의 날씨를 기억하지 못해 대충대충 적었다가 담임 선생님께 야단맞고 매를 맞은 적도 있다. 어찌나 우리 담임 선생님은 기억력이 좋으신지 한 달 내내 그날그날의 날씨인 비, 흐림, 맑음을 컴퓨터처럼 자세히도 기억하셨다. 요즘 아이들은 365일 내내 그날그날의 날씨쯤이야 매일 기록하지 않아도 스마트폰으로 검색해 쉽게 알 수 있으니 너무나 좋겠다! 나도 요즘 태어났으면 날씨 정도는 쉽게 해결을 텐데….

2.

여름과 가을 사이

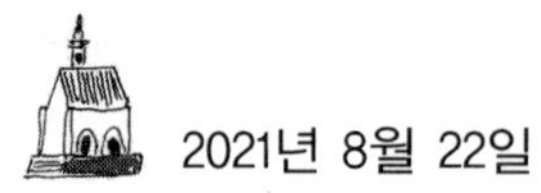
2021년 8월 22일

진솔한 독자 한 사람만 있다면

어릴 적 중고등학교 다닐 적부터 나의 고향친구이자 한 사람의 독자로서 B가 내 두 번째 저서 『둥지가 따뜻해도 머물지 마라』를 광화문 교보문고까지 가서 직접 구입해 끝까지 읽고, 호평에 넘치는 서평까지 직접 써서 카톡으로 내게 보내왔다. 오랫동안 만나지 못했던 친구의 갑작스런 소식이 반가웠고, 짧고 간결하지만 분에 넘치는 호평까지 써서 보내와 너무나 고맙고 감사했다. 많이 부족하고 모자라는 글이지만 진솔하게 읽어주는 한 사람의 독자만 있어도 글 쓰는 작가는 진정 행복하다는 걸 친구의 몇 줄의 호평에서, 나는 글 쓰는 이유를 찾은 것 같았다. 그 점에서 나는 참으로 행복했다. 한 사람의 독자이자 친구인 그가 너무나 고마웠다. 글을 쓴다는 것은 즐거운 고통과 행복한 고민의 연속적인 순환 작업이라 했는데, 행복하기 위해 즐거운 고통과 행복한 고민을 열심히 더 해야겠다.

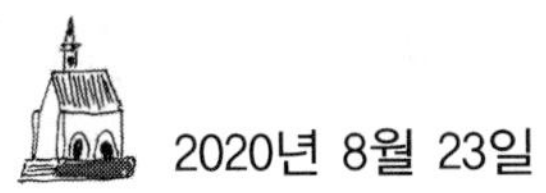 2020년 8월 23일

여름과 가을 사이

다시 새롭게 시작하는 아침이다.

귀뚜라미 노랫소리와 함께 가을이 온다는 처서가 오늘이다.

분명 찌고 뜨겁던 팔월의 폭염도 9월이 가까워지자 조석으로 시원한 바람이 찾아들어, 한강변 산책길엔 매미 울음소리 멀어지고, 귀뚜라미 노랫소리 달빛소나타처럼 잔잔하게 들린다.

뜨트뜨 뜨트뜨~뜨뜨뜨.

저 말 못하는 곤충들도 삶의 흔적 남기기 위해 구애의 노래를 뜨겁게 온몸으로 하는 것이다.

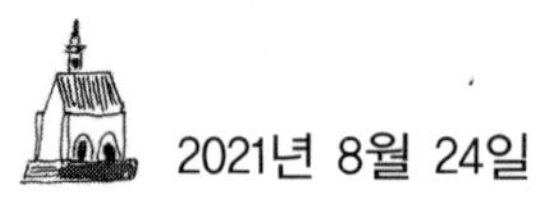

2021년 8월 24일

비 오는 날이면

가을을 재촉하는 장대비가 한밤중에 요란한 소리로 내렸다.

빗소리에 잠 깨어 활짝 열어 놓았던 창문들을 닫고 잠을 다시 청했으나, 바로 잠들지 못하고 한동안 이불을 보듬고 뒤척이다 잠이 들었다.

찜통더위로 시작한 올 여름은 팔월이 다가도록 강렬한 폭염으로 대지를 용광로처럼 데우더니, 무슨 영문인지 하늘은 한낮에 뭉게구름으로 장대비를 만들어 가을을 한꺼번에 내어준다.

슬금슬금 천천히 송알송알 내렸으면 좋겠다.

오늘같이 비 내리는 날이면 모처럼 논밭에 나가지 않으시고 빈대떡 부치고 보리개떡 쪄주시던 생전의 내 어머니 생각에 하늘에 계신 어머니가 무척 그립고 보고 싶다.

하늘에서도 비 내리는 날이면, 내 어머니는 아들들 생각나서 빈대떡 부치고 보리개떡 찌시겠죠.

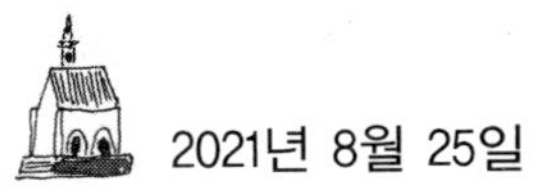
2021년 8월 25일

삶의 지혜

덥고 찌는 한여름도 골목길에 부는 바람은 유독 시원하고 상쾌하다.

나이 드신 어르신들은 배우지 않았어도 바람 드는 골목길에 돗자리를 깐다.

바람은 손발이 없어도 외눈박이 눈으로 골목길을 잘도 찾는다.

어른이 되면 나도 그냥 저절로 지혜가 많았으면 좋겠다.

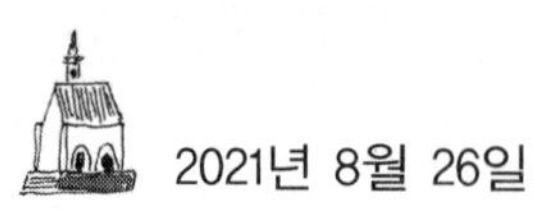
2021년 8월 26일

사람 사는 세상은 다 그렇다

어느 시대 어떤 사회에서나 사람들이 사는 곳에는 모두 선하고 좋은 사람들이 모였다 하더라도 마음에 들지 않거나 싫은 사람이 반드시 한두 명은 있다.

설사 내 마음에 들지 않고 싫은 그 사람이 그곳을 떠난다 해도 또 다시 마음에 들지 않는 사람이 반드시 나타난다.

바로 그게 사람 사는 세상이다.

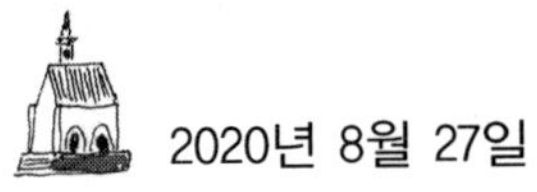
2020년 8월 27일

자식의 꿈, 부모의 꿈

아들들!

너희들의 꿈이 엄마 아버지의 꿈인 것을 잊지 마라.

바라고 원하면 꿈은 반드시 이루어진다고 했다.

그 꿈을 보기 위해 엄마 아버지도 어제보다 오늘을 더 뜨겁게 살고 한다.

새벽부터 밤까지 꽤 많은 비가 쉼 없이 내렸다.

가을장마란다.

이 비가 지나가고 나면 완연한 가을이다.

코로나 조심하고 허튼 시간 없기 바란다.

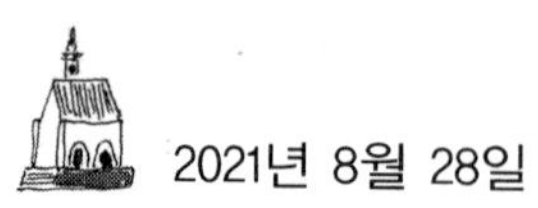

2021년 8월 28일

작가라는 호칭

인생에는 여러 가지 길이 있다. 많은 사람들이 가는 길도 있지만 아무도 가지 않는 길도 있다. 모두가 함께 가는 것도 좋지만 하나같이 한 길로 가는 것은 왠지 나는 싫었다. 내가 좋아하는 것, 잘할 수 있는 것을 스스로 모색하며 자유롭게 찾아가는 길이 나는 좋다.

나는 대학을 졸업하고 사회생활 하면서도 정해진 시각에 출퇴근하는 직장인 '아무개'라는 말보다 자유로운 영혼을 가진 '자유인'이라는 말이 듣기 좋았고, 형님동생, 선생님이라는 호칭 대신에 글을 쓰는 '작가'라는 말이 듣고 싶었다.

그래서 나는 오랜 글쓰기 끝에 '작가'가 되었다.

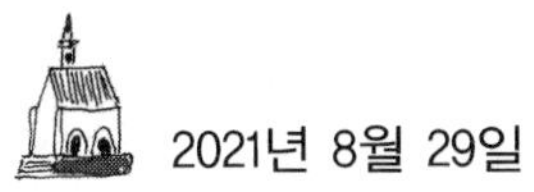

2021년 8월 29일

인연

우리는 살면서 지난날의 슬프거나 고통스러운 일들을 잊고 살 수 있어 다행이다 싶다싶으면서도, 한편으론 꼭 기억하고 감사하며 살아가야할 것마저 망각하거나 잊어버리고 사는 것은 아닌가하고 되돌아보게 된다. 우리는 이런저런 이유로 많은 인연을 맺으며 산다. 초중고, 대학, 직장, 사회의 모임이나 단체에서 만나 친구, 동료, 동반자, 연인으로 뗄 수 없는 인연이 되어 서로에게 힘이 되고 울타리가 되기도 한다.

하지만 오랜 세월 동고동락을 함께해, 굵고 단단해 끊어지지 않을 동아줄 같은 그 인연도 언젠가부터 친교와 만남이 뜸해지고 소홀해져 가끔 전화로만 소식을 주고받다가, 어느 누가 먼저라고 할 것도 없이 서로가 상대편 안부가 궁금해도 '지가 필요하면 연락하겠지~'하며 멀어지고 만다. 그간의 쏟은 시간과 마음과 정성을 너무나 쉽게 버리거나 망각해 버린다. 안타깝고 슬픈 일이다. 누구 탓일까? 대체 무슨 이유일까? 환경이, 세상이 사람들을 그렇게 만든 것일까? 내 자신만을 위한 이기심일까? 아니면, 인연의 소중함을 너무 가볍게 여기고 만나고 사귀는 인간관계를 외모 지향적이고 이해타산으로만 맺고 사는 것이 아닐까? 오늘따라 떠나고 잊힌 이들이 너무나 궁금하다.

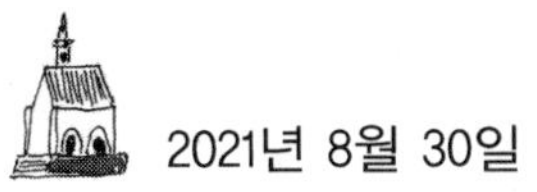 2021년 8월 30일

매직 아우어

코로나 예방 백신을 접종하고 집에서 편하게 누워 안정을 취하는데 EBS TV에서 건축 탐구 '집'을 방영하고 있어 즐겁게 시청했다.

아름답고 세련된 한 중년 부인이 외국의 여러 나라에서 오랫동안 하던 선박 감독 관련 일을 접고, 태어나고 자랐던 고향 부산 근처 기장이라는 농촌 마을로 귀향해 어려서 살았던 오래된 한옥을 현대 생활에 맞도록 내부를 리모델링 해 정착하면서, 그녀는 "이제야 내 고향집 한옥에서 편안함과 안정을 찾아 참으로 행복하다. 지금 사는 삶이 자신의 인생에 최고의 순간인 '매직 아우어'다."라고 말했다.

그녀가 아들과 함께 리모델링해서 살고 있는 한옥 이곳저곳을 방송 건축해설자에게 직접 보여주고 즐겁게 설명하며 진정 그녀 스스로 행복해 하는 모습을 지켜보면서 나도 나의 삶을 다시 돌아보았다.

"나는 살면서 나에게 있었던 '매직 아우어'를 알아차리지 못한 채 그냥 보냈을까? 아니면 내 인생에 앞으로 '매직 아우어'가 언제쯤 다가오고 있는 것은 아닐까? 혹, 지금 이 순간이 나에게 '매직 아우어'인지도 모른다?"고 생각하며 아주 편안한 마음으로 방송을 시청하며 안정을 취했다.

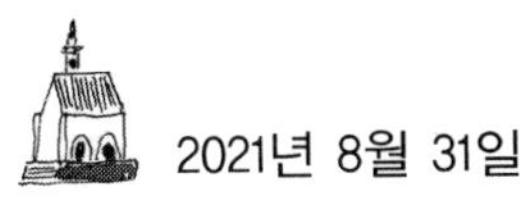

2021년 8월 31일

뒤늦은 고백

용광로처럼 찌고 뜨겁던 2021년 8월의 여름을 보내면서 그 끝에 남는 것은 '조금 더 뜨겁게 살 걸….'이라는 아쉬움이 남는다. 그날그날 열심히 살았노라고 하지만, 최선을 다하지 못했다는 나의 뒤늦은 고백이고 자백이다.

올 여름도 그랬다. 여름이 시작되면서 올 여름은 다르게 살아보자고 다짐했다. '하루의 시작으로 아침 산책길을 걷고, 하루하루 삶에 감사하는 마음으로 성경 한 장 필사, 그날의 일상을 정리하는 마음으로 짧은 단상을 쓰고, 한 주일에 두 권의 책을 읽자'가 올 여름의 계획이고 목표였다.

그런데 오늘이 8월 달의 마지막 날이다.

다짐했던 것과는 너무 동떨어지게 보낸 날들이다.

조금 더 선하고 겸손하게, 조금 더 성실하고 철저하게, 조금 더 의미 있고 가치 있게 살았어야 했던 날들인데.

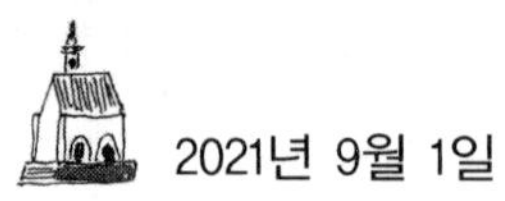 2021년 9월 1일

새달 새날 새아침

9월, 새달 새날 새아침이다.

새로운 날이 시작되면 계획한 대로 새롭게 시작할 수 있어 좋다. 보이지 않는 시간을 임의대로 나눠 시공간을 정하고, 밤과 낮을 경계로 하루하루 날과 달의 길이를 정해, 새해 새달 새날에 맞춰 살아가는 인간의 생각과 지혜는 새로운 시작에 대한 기대와 설렘으로 꿈과 열정이 있기에 가능한 것이다.

오늘, 뜨거운 여름날은 가고 가을로 가는 첫날이라 하자.

그래서일까? 어젯밤에는 가을을 축하 하는 은구슬 같은 비가 대지에 내렸다. 여름밤 가로등불빛에 모여드는 하루살이처럼 은빛 빗줄기가 유난히도 빛났다.

뜨거운 한 절기를 끝내고 가을을 응접하기 위한 옹알이였으리라.

새날은 이렇게 다가왔다.

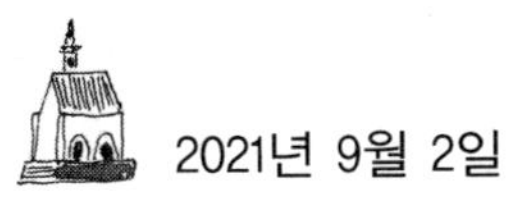

2021년 9월 2일

실내화 한 짝

소리 높여 울어대던 매미들도 떠나 버린, 하루가 끝나는 해질녘 아이들이 집으로 돌아간 후 텅 빈 초등학교 운동장을 나 혼자 걸었다.

밤새 내린 폭우에 쓸려 울퉁불퉁해진 운동장엔 아이들이 잊어버리고 간 하얀 실내화 한 짝이 흙탕물에 젖어 황토색보다 더 진하다.

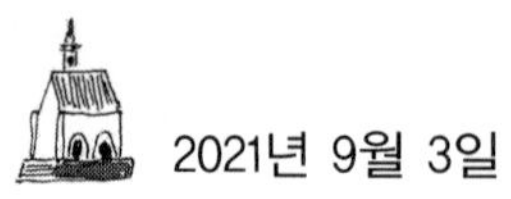

2021년 9월 3일

따뜻한 말 한마디에

출퇴근 때마다 인사를 건네는 여선생님 한 분이 오늘은 나를 보자마자 "선생님, 오늘 좋은 일 있으신가 봐요?" 하고 말을 건넸다. 뜻밖의 인사말에 나는 "에에~ 예? 좋은 일 있었으면 정말 좋겠어요."라고 마스크를 내리고 웃으며 말했다. 아마 내 모습과 목소리가 평소와 달리 좋아 보였거나 그 선생님에게 기분 좋은 일이 있지 않았을까 생각했다. 누군가와 대화를 나눌 때는 몸짓과 눈빛과 자세, 말투, 마음과 기분에 따른 목소리의 높고 낮음과 느림과 빠름에 따라 똑같은 말이라도 다른 의미로 들릴 수 있음을 다시 돌아보게 되었다.

오랫동안 함께한 친구, 동료, 지인인데도 어느 순간 그들이 하는 뜻밖의 말 한마디, 얼굴 표정, 손 발짓 하나가 전혀 다른 사람처럼 느껴져 너무나 놀라고 황당해 실망할 때도 있지만, 때로는 친구의 따뜻한 말 한마디가 위로와 용기가 되고 힘이 될 때도 있다.

인간관계는 언행과 품행이 무엇보다 중요하다. 가까운 친구 동료 지인이라 하더라도 세월이 흐르면 그가 변했거나 내가 변한 것일 수도 있고, 내가 미처 그를 잘 몰랐거나 이해하지 못했을 수도 있다. 우리가 사는 세상에는 변하지 않는 것이 없다. 영원한 것은 하나도 없다는 것이다. 자연도 풍경도 사람도 변한다. 생각도 마음도 성품도 변한다. 하지만 본질과 근본은 변하지 않는다. 그래서 사람이 사람에게 가장 중요한 것은 '믿음과 신뢰'다.

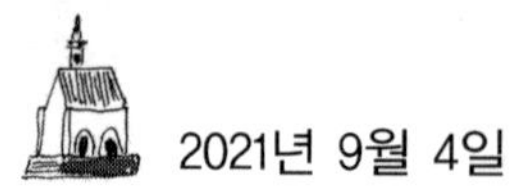

2021년 9월 4일

풀 향기

아침 일찍 양재천 수변에서 노란 조끼를 입은 대여섯 명의 공공근로자들이 구슬땀을 흘리며 무릎까지 자란 풀을 예초기로 더듬어 깎는다.

조용하던 양재천 산책길에 예초기 칼날에 맞아 꺾이고 넘어지는 풀 아우성 소리로 가득하다.

칼날에 쓰러진 풀에서 배어나는 그윽한 풀냄새가 양재천을 따라 먼 곳 교총빌딩까지 다가와 코끝을 후벼댄다.

꺾이고 깎인 넘어진 풀이 품어내는 그윽한 풀향기는 마지막 자신의 몸을 내어주는 아픔과 고통의 눈물마름이다.

가을은 여름을 견디고 이겨낸 풀 풋내 향기로 시작한다.

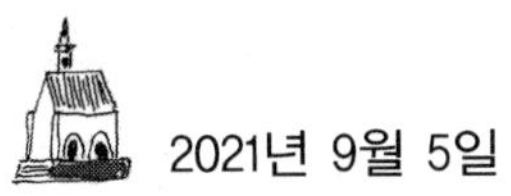

2021년 9월 5일

손글씨로 쓴 시인의 우편엽서

『문학시대』를 들고나면서 알게 된 노시인(김시철: 강원도 평창)께 나의 산문집 『둥지가 따뜻해도 머물지 마라』를 보내드렸다. 시인께서 책을 받으시고 그 답신으로 마음을 담아 정성스럽게 손글씨로 쓰신 우편엽서를 보내주셨다. 친구, 지인, 문우들께 책이 출판되면 고맙고 감사하다는 표시로 1, 2백 명에게 책을 증정하는데, 그때그때 "고맙고 감사하며 잘 읽어보겠다."는 응원의 카톡 문자를 받는다. 하지만 이처럼 우편엽서로 받아보는 경우는 난생처음이다.

시인의 우편엽서는 작가로서 글을 쓰는 나에게 오래도록 기억에 남는 뿌듯한 기쁨과 작가로서 잊지 말고 살아가야할 마음 자세를 가르쳐주었다. 부족하고 농익지 않은 글이지만 "…틈틈이 차근차근 끝까지 읽고 서가에 잘 보존하겠습니다."라는 구순의 시인의 자세는 아직 한참을 작가로서 살아야할 나에게 세상 사람들과 어떻게 관계를 맺고 어떤 마음자세로 글을 쓰고 살아가야하는지 삶의 지표를 가르쳐주셨다. 살아가면서 큰 힘이 될 것 같다.

바쁘고 빠르게 경쟁과 속도에서 살아가는 요즘 사람들은 그저 편하고 쉽다는 이유로 각종 SNS문자 전송을 통해 긴요하고 중요한 일이라도 한꺼번에 많은 사람에게 짧은 시간에 소식을 전하고 알린다. 모임과 단체의 각종 소식과 애경사도 몇 글자의 문자로 대신한다. 그렇다보니, 귀하고 분에 넘치는 축하문자를 받아도 정감이 부족하고, 소중한 인사말이 왠지 겉치레처럼 보일 때가 있다. 언젠가부터인지 알 수 없지만 스마트폰이 세상에 나오면서부터 나도 그렇게 살았고 그렇게 살아간다. 이제 불편하고 늦고 힘들더라도 인간의 향기가 나게 살고 싶다. 아주 작고 소소한 것이라도 귀하고 소중하게 여기는 시인의 깊은 삶과 성찰이 나의 삶의 지침으로 다가왔다.

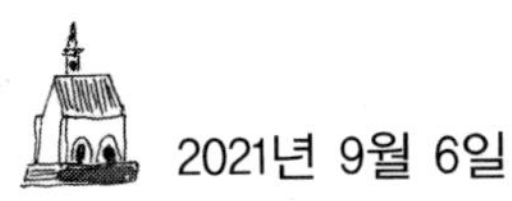

2021년 9월 6일

여름이 떠난 자리

떠날 줄 모르고 버티던 여름 늦더위가 잡히지 않는 바람처럼 사라졌다

모시 삼베옷 어디 두고 떠났을까

하늘은 높아지고 흥부 박은 제 줄기 타고 지붕으로 오른다.

머잖아 한가위 다가오면 그리운 이 보고 싶어 보름달도 지붕 위로 내려오겠지.

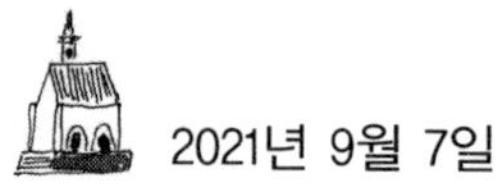
2021년 9월 7일

사람의 향기

아름다운 풍경 그림 한 점이 보고 감상하는 이들에게 치유와 감동과 행복을 주듯, 사람들에게도 그 사람만이 가진 고유의 진한 향기가 주위의 많은 이들에게 울림과 감동과 희망이 되어주는 경우가 있다. 그 진한 향기가 먼 곳까지 날아가 다른 사람에게 묻어나 향기가 될 때 백리향 천리향이 된다. 한 사람의 인생에 대한 작고 소소한 얘기라 할지라도 그 사람만이 가진 진한 향기는 그가 세상 사람들과 보고 만나고 소통하고 있는 한 주위 사람들에게 아름다운 울림과 깊은 감동을 준다. 우리는 살면서 누군가에게 진한 향기가 될 때가 있다. 그 향기는 냄새도 색채도 없지만 어느 누군가의 삶에 영원히 잊히지 않는 백리향 천리향이 된다. 나는 무슨 향기일까? 나는 어느 누군가의 삶에 무슨 향기로 울림과 감동과 희망을 줄 수 있을까? 내 이름 세 글자로.

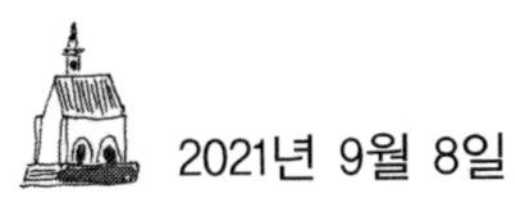

2021년 9월 8일

어머니! 미안해요

비가 주룩주룩 내리는 어젯밤은 밤늦도록 잠들지 못했다.

빗소리 때문만은 아니었다.

어찌된 일인지 그냥 잠이 오지 않았다.

밤새 뒤척이다 순간 잠에 들었다.

잠 못 드는 이유를 알 수 없었다.

아침에 일어나 곰곰이 생각해 봤다

어제 오랜만에 형제들과 저녁식사를 함께하고 카페에서 진한 커피를 마시며 철없던 어린 시절 아옹다옹 싸우며 살았던 얘기를 즐겁게 나눴다. 나는 커피 한 잔 마신 것과 바쁘게 살아가는 동생들의 얘기를 들어주는 것밖에 없었다. 예전, 내 어머니 살아계실 적에 어머니는 "저녁 늦게 커피 마시면 뭣 때문인지 밤에 잠이 오지 않는다."는 말씀을 자식들 앞에서 자주 하셨다.

그때는 어머니가 이해가 되지 않았다. 이해할 수도 없었다.

좋아하고 사랑하면 잠들지 못하겠지만, 좋아하는 커피 마시고 잠을 못 이룬다는 어머니 말씀은 또 다른 핑계거리 같았다. 아들들에게 무슨 하고 싶은 말씀이 따로 달리 있는 줄 알았다.

왜? 그랬을까!

나도 이제 내 어머니 세월만큼 살아보니 그분들의 몸으로 하는 말씀이 틀리지 않았음을 알게 되었다. 어머님 말씀이 옳았다. "어머니! 미안해요. 내가 그때는 철이 없어 이해하지 못했어요. 이제 하늘나라에서 많이 드시고 편히 주무세요."

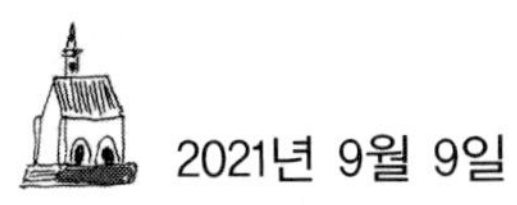

2021년 9월 9일

엊그제 같은데

모처럼 청명한 날씨에 아침부터 강렬한 햇볕이 내리쬔다.

평소보다 보폭을 10㎝쯤 늘려 한강을 걷는데 바람마저 상쾌하다.

초가을 장마로 비 내린 날이 많다보니 밝은 해가 반가울 수밖에 없다.

무엇을 하는지 날아가는 화살처럼 차 두세 잔 마시면 하루가 후딱 지나간다.

월요일이 엊그제 같은데 내일이 또 주말이다.

그렇다, 기다리는 것이 없으니 시간이 빨리 지나가는 것이다.

내게 주어진 일상에 더 집중하자.

몰입하는 것이야말로 가장 큰 행복이 아니던가.

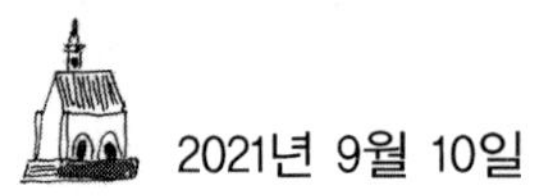

2021년 9월 10일

가을 풍경

가을비가 지나간 맑고 파란 하늘에는 하얀 솜털구름과 빨간 고추잠자리가 제멋대로 헤집는다.

고층 건물 사이로 한낮의 따가운 햇살이 눈이 시리도록 부시다.

나에게 가을은 파란 하늘의 솜털구름과 고추잠자리와 눈이 시리도록 빛나는 햇살이다.

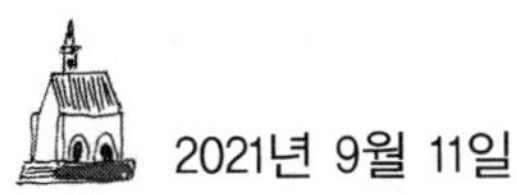

2021년 9월 11일

희망의 불빛

괜찮아
걱정하지 말고
어깨 펴고
가슴 펴고
다시 한 걸음부터

내가 아침저녁으로 산책하는 한강변 오솔길에는 어두운 밤마다 위의 글뿐만 아니라 아름다운 짧은 시나 경구 등을 끊김 없이 순차적으로 바꿔가며 LED빛으로 길바닥에 쏘아 산책하는 사람들이 거닐면서 읽을 수 있도록 되어 있다. 어느 누구의 아이디어인지 모르겠지만 캄캄한 밤에 오솔길을 걸을 때마다, 잠시 걸음을 멈추고 길바닥에 형광 빛으로 쓴 아름답고 의미 있는 글을 보고 읊어볼 때면 많은 위로와 힘이 된다.

알 수 없는 어느 누군가의 작은 손길과 빛나는 아이디어가

한 사람의 생명을 구하고 세상을 밝히는 등불이 되듯, 아름다운 시 한 줄, 따뜻한 말 한마디가 누군가의 인생에 큰 위로와 용기와 희망의 불빛이 된다.

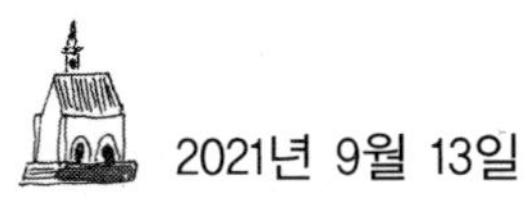 2021년 9월 13일

나의 삶의 자세

"다른 곳은 다 놔두고 굳이 수숫대 끝에 그 아슬아슬한 곳에 내려앉은 이유가 뭐냐? 내가 이렇게 따지듯이 물으면 잠자리가 나에게 되묻는다. 너는 지금 어디에 서 있느냐!"

「나와 잠자리의 갈등」이라는 안도현 시인의 짧은 시로, 시인은 잠자리를 통해 자기 스스로에게 앉고 설자리를 되묻고 있다. 어느 곳에 서 있든, 삶에 대한 자신의 정체성을 스스로 묻고 확인하며 살아가라는 의미가 아닌가싶다.

주말에 서울 강남 한복판에 있는 절 '봉은사 명상의 길'을 걸었다. 마침 그곳에는 법회가 끝난 후 개량한복을 입은 불교신자들이 목탁소리에 맞춰 불경을 큰소리로 외며 걷고 있어, 나도 그들 사이에 끼어 '명상의 길'을 함께 걸었다. 하지만 나는 그들이 정성을 다해 외는 불경이 무슨 뜻이며 어떤 의미로 뭘 바라며 바치는 기도인지 한마디도 알아들을 수가 없었다. 그때 알았다. 내가 불교신자와 함께 있고, 함께 땀을 흘리며 걷는다고 불교신자가 되는 것도 아님을. 내가 어디에 있느냐보다 나의 삶에 대한 자세와 정체성이 중요하다는 것을 그때 다시 깨달았다.

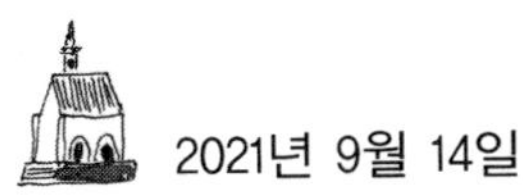

2021년 9월 14일

나는 아날로그

○○대학병원 소화기내과에서 정기진료를 받기 위해 한 끼 금식하고 아침 일찍 병원에 도착해 채혈하고, 진료 예약시간이 꽤 많이 남아 이 대학의 명소 호숫가를 세 바퀴 돌았다. 병원은 정기적으로 매년 건강검진을 받는 것 예외는 일 년에 한두 번 찾는 곳이지만 왠지 나에게는 낯설고 어설프고 서툴다. 어디 병원뿐이랴? 일상에서 다른 사람들에겐 너무나 평범한 것들이 나에게는 낯설고 서툰 것이 한두 가지가 아니다.

내가 태어나 살았던 시대의 삶이 아날로그 시대라서 요즘처럼 디지털 시대의 복잡하고 다양한 기능을 가진 핸드폰을 사용해 뭘 한 번 하려고 하면 비밀번호, 등록번호, 인증번호니 복잡한 절차와 답변을 요구해 내가 실제로 실행하는 데는 많은 인내와 공부를 요한다. 그래서 시작도 해보기 전에 때때로 지친다. 하지만 요즘 아이들은 너무나 당연하듯 쉽고 편하게 사용하는데 나에게는 어쩐지 어렵고 복잡하다.

피할 수 없는 요즘의 디지털 시대에 아날로그 세대가 겪어야 하는 불편함과 어설픔은 어쩔 수 없겠지만, 산다는 것은 누구에게나 처음 맞닿는 미지의 세상이기에 서툴고 낯설 수밖에 없을 것이다. 하지만 어설프고 부족함마저도 받아들이고 친해지고 익숙해지면 아름다운 세상이 다가오지 아니하겠는가!

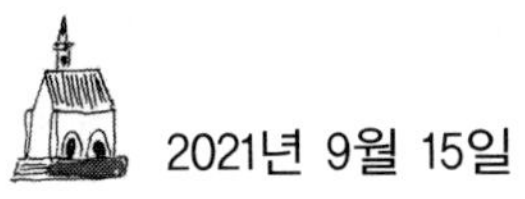

2021년 9월 15일

보름달

해 떨어지자 어두움이 밀려든 밤하늘엔 둥근 박을 갈라놓은 듯 반달이 떴다.

맑은 하늘에 뜬 저 반달도 이레쯤 지나면 중천 밤하늘에 둥근 보름달이 되어 캄캄한 밤을 훤히 밝힐 것이다.

내가 바라고 꿈꾸는 세상도 저 반달처럼 때가 되면 둥글둥글한 보름달이었으면 좋겠다.

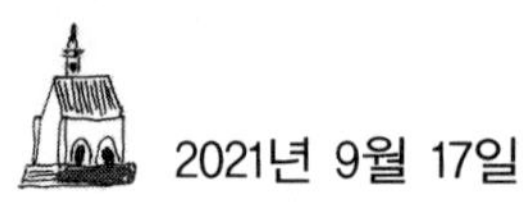

2021년 9월 17일

반문의 꼭지, 삶

삶이 무엇이기에
왜 이리 바쁘게 살아야할까.
왜 이리 허기지고 감질날까
뭘 이리 놓치고 잊고 사는 것이 많을까
……

요즘 내가 하루하루 단상을 쓰면서 겪고 있는 반문의 꼭지들이다.

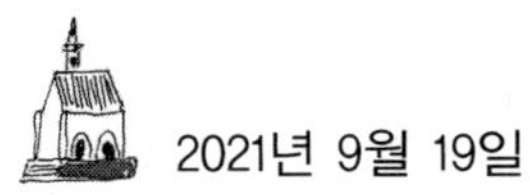

2021년 9월 19일

빛나는 삶을 위해

아침부터 온통 잿빛하늘이다.

어제의 파란 하늘과는 너무나 대조적이다.

기상예보에도 없던 비를 가을선물로 준비하고 있는 것이다.

좁은 골목길에서 뛰노는 아이들의 외침소리가 운길산 산골짜기를 타고 북한강 강변마을로 내려오는 수종사 종소리처럼 울려 퍼진다.

집을 떠나 먼 곳에서 꿈을 키우는 아들들 생각이 불현듯 종소리처럼 울려온다.

"아들들! 하루하루가 무탈한지 궁금하다. 엄마 아버지는 건강하고 안녕하다. 가을로 들면서 네 엄마는 캠퍼스에 붓질하는 시간이 늘었고, 나는 독서량이 조금 늘었다. 요즘 재미있게 읽고 있는 책은 『내게 금지된 공간 내가 소망한 공간』으로 여성작가의 집 짓는 건축이야기로 글의 짜임새와 충실한 내용이 돋보인다. 아버지도 이 작가처럼 치밀한 자료 준비와 구성으로 글을 쓰고 싶다. 짬 내어 읽어봤으면 한다. 건축과 의식주에 대한 풍부한 지식과 이해를 줄 것이다. 아들들! 따뜻하고 빛나는 삶을 위해 소중한 시간을 함부로 쓰지 말자. 어제보다 오늘, 오늘보다 내일을 더 가슴 뛰는 하루로 만들자. 파이팅! 하자."

3.

솜털처럼 가볍게

2021년 9월 23일

솜털처럼 가볍게

한가위 명절 지나 밤낮의 길이가 같다는 추분이 지나자 바람결은 한층 더 싱그럽고 상쾌하다.

삶터에서 꿈을 이루기 위해 흩어져 살던 가족이 모여 서로의 안부와 안녕을 확인하며 멈춰갈 수 있는 즐거운 명절이 있었기에, 다시 각자 일상의 자리로 떠나는 마음은 솜털처럼 가볍다.

다시
시작하는 오늘은
지금까지 잘해 왔고
지금도 잘하고 있고
앞으로도 선하게 겸손하게 살아가야 할 나의 첫날이다.

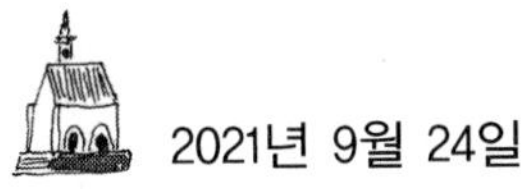 2021년 9월 24일

삶은 길이다

삶은 길이다

산다는 것은 길을 걷는다는 것이다

진흙탕길 돌밭길 가시밭길 꽃길은 누구에게나 허락하지만, 어느 길이 선택되었든 그 길은 함부로 끝을 보여주지 않는다.

하지만 사람은 어느 누구든 '지금 이곳 가시밭길도 꽃길'이라 여기면 가시밭길도 꽃길이 된다.

모든 길은 마음먹기에 따라 이름 지어준 것이다.

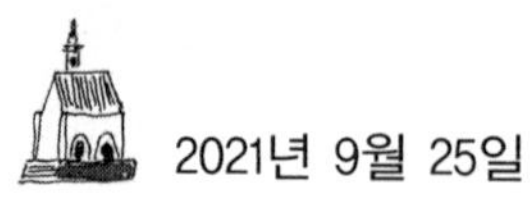

2021년 9월 25일

발그레 익어가는 대봉감처럼

아침 일찍 마당에 내려가 대봉감나무 밑에 서서 올 여름 따가운 햇살과 비바람을 이겨낸 아이들 주먹만 한 대봉감을 한동안 바라보았다.

짙푸른 감잎들에 가려진 수줍은 감들이 나를 보자 새색시 볼처럼 더 발그레해진다.

조석으로 찬바람 맞으며 한낮의 따가운 가을 햇살 머금고 은근하게 익어가는 탐스런 대봉감처럼 나도 누군가에게, 누군가는 나에게, 행복 하나, 사랑 하나 발그레 익어가면 좋겠다.

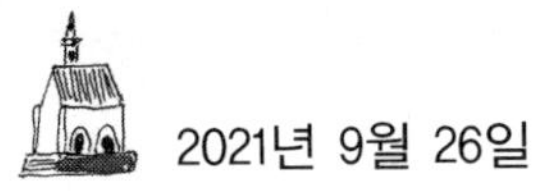
2021년 9월 26일

한강을 걸을 때면

9월이 끝나는 마지막 주말 저녁, 영동대교 남단 입구에서 동호대교까지 한강을 따라 상쾌한 강바람을 가르며 아내와 2시간을 걸었다. 한강에는 사시사철 밤낮 어느 때 걸어도, 걷고 뛰고 달리고 자전거로 질주하는 사람들로 양방향이 붐빈다. 요즘은 아름다운 젊은이들도 많지만 나이 드신 어르신들이 유독 건강을 위해 많이 걷는다.

잔잔하게 흐르는 강물과 가끔 강물을 가르며 물수제비 파도를 만들며 지나가는 유람선, 꼬리에 꼬리를 물고 강변북로와 올림픽대로를 달리는 수많은 자동차의 붉은 헤드라이트와 가로등 불빛, 한강 다리마다 각양각색의 조명등에서 빛나는 오색불빛은 어두운 한강의 밤하늘을 아름답게 수놓는다.

오늘밤도 강물에 흘러가는 밝은 보름달 안에 그리운 사람 얼굴 그려보며 나와 아내는 행복하게 지치도록 한강을 걸었다.

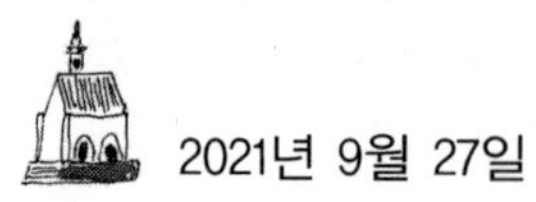

2021년 9월 27일

따뜻한 말 한마디가

항아리에서 물이 넘치는 것도 마지막 물 한 방울이라는 걸, 눈 쌓인 나뭇가지가 부러지는 것도 마지막 한 송이 눈의 무게라는 걸, 내가 가슴으로 체득한 것은 과학의 원리를 이해하고서도 한참 지난 뒤였다.

물 한 방울, 눈 한 송이, 나무 한 그루는 아주 작고 조그마한 것이지만 모이고 쌓이면 강과 바다가 되고 숲과 산이 된다는 사실이다.

따뜻한 가슴으로 안녕과 안부를 묻고 전하는 진솔한 위로의 말 한마디, 어쩌다 마주하면 방긋 웃으며 '안녕!'이라고 건네는 인사말 한마디가 누군가에게는 위로와 힘이 되고 어떤 이에게는 살아가는 용기가 된다.

삶이란 너와 나에 대한 안녕과 위로와 배려의 한마디 말이다.

오늘, 나도 누군가의 행복을 위해 눈웃음을 지어야겠다.

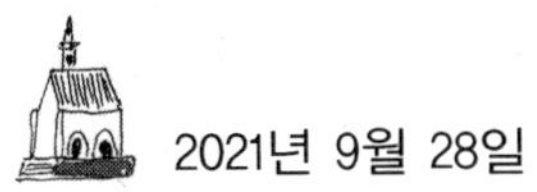 2021년 9월 28일

언제 이렇게 됐을까

언제 이렇게 됐을까?

아직은 더 영글어야할 때인데, 아직은 더 무르익어야할 때인데.

고개를 들어 하늘을 한동안 바라봤다.

여름의 열기가 사라진 자리엔 가을의 빛깔이 놓여간다.

우리 집 마당 지난여름 내내 무성하고 짙푸르던 감잎도 요즘 들어 아들놈의 빛바랜 얼룩무늬 국방색 예비군 옷처럼, 힘없이 한 잎 두 잎 가벼운 바람에도 낙엽 되어 떨어진다.

오늘아침 마당 한 구석에 떨어져 뒹구는 감나무잎을 지구의 한 모퉁이를 깨끗이 청소하듯 나는 대빗자루로 말끔하게 쓸었다.

아직 덜 익은 채 마당에 떨어진 대봉감을 아내를 위해 조심조심 바구니에 주워 담았다.

아직은 더 영글어지고 무르익어가야 할 때인데.

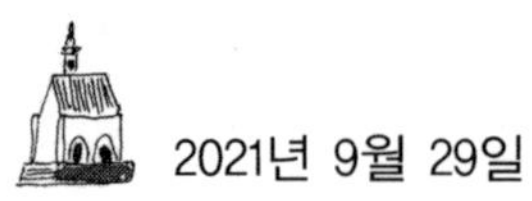

2021년 9월 29일

책을 선물하는 이유

아주 오래전부터, 내가 좋아하거나 사랑하는 사람이 내 곁을 떠나 다른 곳으로 떠나갈 때, 나는 작별의 선물로 내가 좋아하는 책을 선물하곤 했다. 내 젊은 시절부터 지금까지, 떠나는 사람에게 그동안 작별의 선물로 선물했던 책은 아마 수십 권이 될 것이다. 몇 해 전 나의 저서 『군대 힘들지?』와 『둥지가 따뜻해도 머물지 마라』가 출판되기 전까지는 내가 밤잠을 설치며 즐겁게 읽고 감명 받았던 책들을 주로 선물했다. 이 책들은 내가 서너 번 이상 읽었던 책들로 조선 정조 때의 이덕무의 『책만 읽는 바보』와 연암 박지원의 『열하일기』 등 조선 후기의 몇 권의 책들이다.

좋아하고 아끼고 사랑하는 사람에게 내가 감명 깊게 읽었던 책을 추천하고 선물하는 이유는 어렵고 힘든 세상에서 자신이 가야할 길이 보이지 않고 어두울 때, 때로는 피할 수 없는 고통과 고뇌를 만났을 때, 방향을 잃지 않고 꿋꿋이 자신의 가야할 길을, 이 책을 나침판으로 삼아 하루하루 길을 가다보면 언젠가는 반드시 아름답고 빛나는 삶으로 꽃피울 수 있기 때문이다.

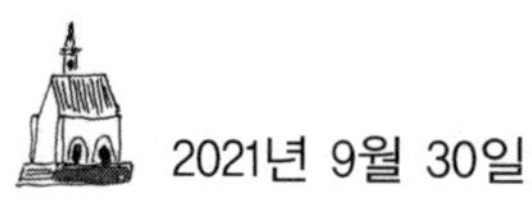 2021년 9월 30일

아내표 생일 미역국

결혼해서 해마다 내 생일날을 잊지 않고 맛있게 미역국을 끓여주는 아내가 누구보다 고맙고 감사하다. 오늘도 두 그릇이나 맛있게 먹었다. 아침잠 많은 아내가 새벽에 눈 비비고 일어나 일찍 출근하는 남편을 위해 끓여준 정성이 이런 특별한 맛을 내는 것이 아닌가 싶다. 예전에 내가 결혼하기 전, 어머니 살아계실 때 아들 생일날이면 정성을 다해 끓여주던 짭짤하고 감칠맛 나는 그 쇠고기미역국 맛을 나는 지금도 잊을 수가 없다.

그런데 오늘 아내가 끓인 미역국에서 그 진한 감칠맛을 느꼈다. 한가위 명절 지나고 사나흘 후면 둘째아들인 내 생일이라서, 어머니는 추석 명절에 남겨 둔 쇠고기로 미역국을 끓이곤 했다. 그때 그 맛은, 이 세상 어디에서도 맛볼 수 없는 이 지구상에 하나밖에 없는 내 어머니표 '쇠고기미역국'이었다. 오늘부터는 아내표 '쇠고기미역국'이 어머니의 추억까지 품은 최고의 맛이 될 것 같다.

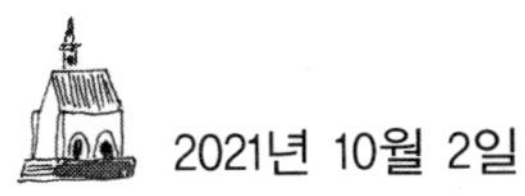
2021년 10월 2일

가을걷이

가을걷이가 한창이던 시월의 사흘 연휴 첫날, 서해바다에서 불어오는 해풍을 맞으며 대부도농장에서 옷이 흠뻑 젖도록 비지땀을 흘렸다. 제 때에 베지 못해 강해질 대로 강해진 억센 풀을 예초기로 베고, 설익은 대봉감을 대나무장대로 하늘 높이 솟은 감나무가지에서 힘겹게 땄다. 수확시기를 놓쳐 익을 대로 익어 쪼그라진 붉은 대추를 대추나무를 마구 흔들어 두 포대나 땄다.

청담동집에서 대부도농장까지는 거리도 있지만 무슨 연유인지 올 여름과 가을에는 주말마다 이런저런 일이 자주 생겨 가지 못했다. 논밭의 곡식은 사람의 발소리를 듣고 꽃이 피고 열매를 맺는다고 하는데, 우리 농장의 대봉감과 대추는 얼마나 외롭고 힘들게 주인을 기다리며 올 여름 찌는 더위와 비바람을 견뎌내고 붉게 익어갔을까! 게으른 주인을 잘못 만나, 수확 시기마저 놓쳐 말라비틀어지고 주름진 대추를 보니 괜히 안쓰럽고 미안하다. 때 맞춰 정성껏 살피지 못한 미안함과 가을걷이조차도 제 때에 하지 못한 내 게으름을 한꺼번에 해결코자 종일 무리하게 몸을 움직였더니, 그만 몸마저 부서질 것 같은 몸살로 몇 날을 고생했다. 하지만 하늘은 게으른 주인장를 탓하지 않고, 먹고도 남을 만큼의 감과 대추를 풍성하게 주셨다. 거저 주신 하늘에 감사할 뿐이다.

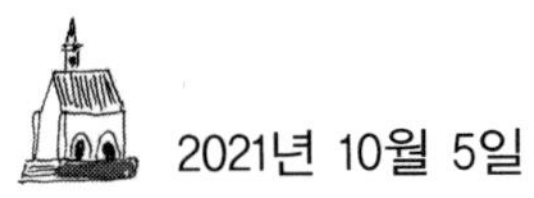

2021년 10월 5일

가을비

가을비가 추적추적 내린다.

어젯밤 잔뜩 찡그린 하늘은 비구름을 품고 오늘 아침을 기다린 것이다.

가을엔 여린 가랑비라도 산야를 스치고 지나갈 때마다 가을은 한 뼘씩 성큼성큼 더 깊어지고 붉어진다.

우리가 원하든 원치 않든 해와 달이 뜨고 지면 밤낮이 바뀌어 새날이 오듯, 비바람 한바탕 훔치고 지나가면 맑은 하늘이 어디선가 '짱'하고 다가선다.

자연이 이러하듯 사람도 인연에 얽히고설키지 말고, 좋아하고 하고 싶은 것 오롯이 하며 즐겁게 훨훨 살았으면 좋겠다.

이 가을만이라도 그립고 보고 싶은 사람 만나고, 하고 싶고 좋아하는 것 마음껏 할 수 있기를 기도해본다.

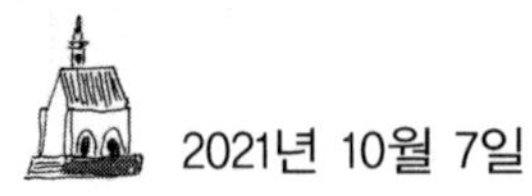

2021년 10월 7일

양재천 숲길을 걸으며

가을비가 오전에는 보슬보슬 내리다가 점심때는 멈추는가싶더니 하루가 끝나는 해질녘엔 서쪽하늘에 무지개를 만들며 밝은 햇살까지 쏟아졌다. 저녁식사 약속이 있어 우면동에서 양재천 산책길을 따라 대치역까지 걸었다. 가을비가 멈춘 그 끝의 양재천의 맑고 푸른 하늘과 정갈한 나뭇잎, 졸졸졸 흐르는 시냇물 소리를 들으며 양재천 산책길 5㎞를 걷는 것은 그리 멀지도 가깝지도 않은 내가 걷기에 아주 적당한 거리였다.

나는 해마다 벚꽃이 만개하는 봄과 단풍이 깊게 물들어가는 가을축제 무렵에 보름 정도씩 대치역에서 우면동까지 양재천을 걸어서 출퇴근하곤 했었다. 하지만 코로나로 인해 아름답게 조경된 이 힐링의 양재천을 2년째 걷지 못했다. 언제쯤 자유롭게 걸을 수 있을지 모르지만 어서 빨리 지난날의 평범한 일상으로 돌아가길 기도한다. 이 작은 나의 바람도 결국 시간이 해결할 것이다. 이 양재천을 걸을 때마다 절기마다 바뀌가며 끊김 없이 피고 지는 이름 모를 꽃과 들풀과 나무들. 걷고 뛰고 달리는 건강한 사람들의 아름다운 모습과 풍경을 보며, 새로운 이름도 지어주고 몸과 마음과 영혼의 힐링도 한다. 늘 걷던 길도 때로는 처음 걷는 길처럼 새롭고 낯설 때가 있다. 오늘이 그랬다.

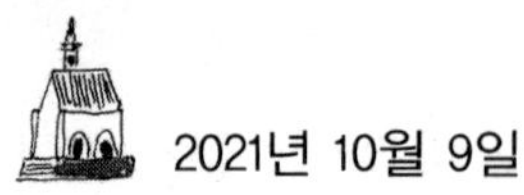 2021년 10월 9일

오늘

가야할 길이 멀고 험해도 도전할 기회와 시간이 있다면 행복한 청춘이요 복된 인생이다.

오늘도 그런 날들의 소중한 하루다.

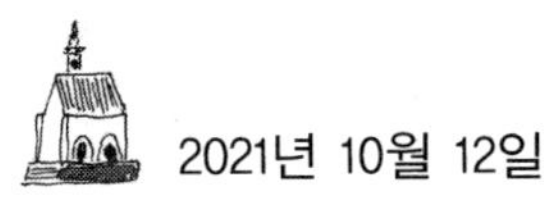

2021년 10월 12일

삶은 커피 한 잔

어느 누군가가 '삶은 커피 한 잔을 마시는 것'이라 했다.

처음에는 뜨거워서 못 마시겠더니 마실만하니 금세 식어버렸다고 고백했다.

우리 삶이 그렇다.

어설프고 부족하지만 꿈과 열정이 있을 때가 희망차고 행복하다.

식고 나면 늦다.

커피는 따뜻할 때 마시는 것이 잘 마시는 것이고, 삶은 '지금 이곳 이 순간'을 열정을 다해 뜨겁게 사는 것이 잘 사는 것이다.

2021년 10월 13일

대봉감은 우직하게 익어간다

한결같이 20여 년을 우리 집을 지키며 서 있는 대봉감나무를 바라보며 하루가 다르게 발그레 익어가는 대봉 사진 몇 컷을 핸드폰에 담았다.

발소리 숨소리 죽이고 다가가 슬그머니 푸른 감잎을 밀치고 대봉을 자세히 바라봤다.

먼발치에서 바라볼 때보다 훨씬 더 발그레하다.

대봉은 어느 하루도 좋은 날 궂은 날 마다하지 않고 온몸을 통째로 내밀어 비바람 된서리 맞으며 홍시가 될 때까지 볼멘소리 한마디 없이 우직하게 익어간다.

우리 사람도 저 대봉을 조금만 닮았으면 좋겠다.

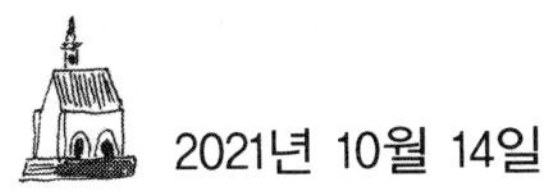

2021년 10월 14일

일기와 단상

나는 30여 년을 일기를 써왔고 지금도 거의 매일 빠지지 않고 쓴다. 기쁘고 좋은 것은 물론 속상하거나 기분이 언짢은 그날그날 겪었던 이런저런 일과 생각과 느낌과 마음 상태를 있는 그대로 자세하게 일기노트에 적는다. 하지만 어느 누구나 읽고 볼 수 있는 글, 단상, 카톡 등은 마음의 평정을 잃었거나 속상하거나 마음이 엉켜 있을 때는 한 줄의 문장도 쓰지 않고 어느 누구에게도 한 줄의 글도 보내지 않는다.

마음이 상하거나 화가 났을 때 글을 쓰거나 카톡을 보내면, 나의 행복한 고민과 즐거운 고통을 통해 축적된 생각과 사고와 영혼마저도 한순간에 헝클어져, 엉망이 되어버리지 않을까해서다. 그렇게 되면 내가 마음과 생각과 열정을 다해 쓴 글이 읽는 이들에게 평안과 위로와 공감도 될 리도 없고, 어떤 기쁨과 즐거움도 주지 못하기 때문이다.

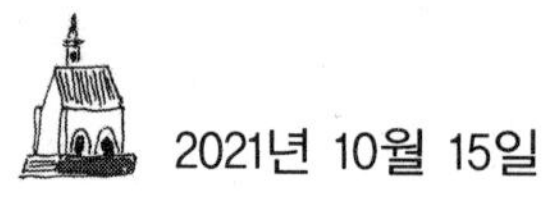

2021년 10월 15일

내일은 오늘의 또 다른 오늘

꿈을 찾기 위해 공부를 한다는 것,
먹고 살기 위해 일을 한다는 것,
건강을 위해 운동을 한다는 것,
영혼의 평화를 위해 기도한다는 것,
사랑하는 이를 위해 마음을 다한다는 것은
오늘보다 내일이 더 즐겁고 희망차고 행복하기 위해서다.
그렇다면
오늘 지금 이곳에서 내가, 내일을 위해 견디고 인내하고 애쓰는 공부, 일, 운동, 마음과 기도가 즐겁고 보람되고 행복한 시간이 되어야 한다.
내일은 오늘의 또 다른 하루이니까.

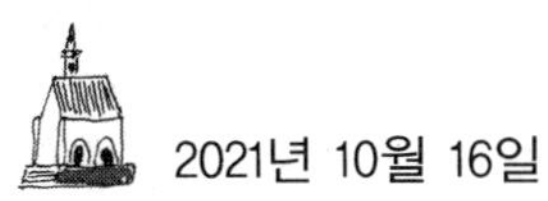

낯선 곳에서 만용을 부리지 말자

몇 년 전 겨울, 제주 올레길을 걸을 때였다. 두 부부 넷이서 올레 8코스 대평리를 지나 9코스 월라봉을 오를 때는 해질녘이었다. 그런데 월라봉을 걸을 때 갑자기 폭설이 내리고 어둠이 짙게 내려앉아 방향을 알 수 없고, 처음 걷는 산속이라 마을로 하산하는 길도 찾을 수 없었다. 날씨마저 변덕을 부리는데 겨울해가 너무 짧았던 것이다. 먼 곳에서 반짝이는 마을 전등불만 바라보며 걸었다. 어둠과 눈에 갇힌 산 능선과 골짜기를 얼마나 오르내렸을까! 벌써 마을에 도착하고도 남을 시간 같았는데, 산속에서는 건너편 민가에서 반사되는 전등불빛만으로는 우리가 걸어야하는 거리를 가늠할 수가 없었다.

낯선 여행지에서 어두워졌을 때 오가는 사람이 없는 인적 드문 외진 곳은 사람으로부터 도움을 받을 수 없어 더 난감하고 조바심마저 났다. 더구나 낯선 곳에서 낮에 보던 풍경과 위치가 밤에는 가늠할 수 없을 만큼 너무나 달랐다. 두려움과 추위로 몇 시간을 산속에서 헤맨 끝에 이곳에 사는 아름다운 천사가 도와줘 겨우 산을 내려와 다행히 숙소로 돌아올 수 있었다.

그때의 일로 다시는 겨울에 야간산행과 외딴 여행지에서 호기심만으로 만용을 부리지 않는다. 아내와 동생부부에게 걷자고 제안한 내가 정말 미웠고 미안했다.

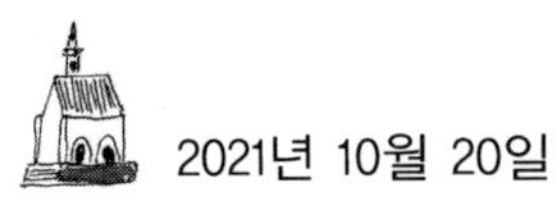 2021년 10월 20일

나에게 금지된 공간, 병원

○○병원 외과 병실 보호자 침대에 기대어 몇 날을 보냈다

평소에도 병원만은 항상 '나에게 금지된 공간'이길 바라고 원하고 기도했다.

어깨 회전근 파열로 수술한 아내가 병실 침대에서 움직일 때마다 "아앗, 아앗 앗~" 하며 아파서 무심코 내는 외마디 소리가 내 몸을 바늘로 찌르는 것처럼 나도 모르게 움찔움찔하게 했다.

아아! 아아! 앗! 이 아픔과 저 고통의 통증을 얼마나 감내하고 견뎌내야 아무 일 없었다는 듯이 아내와 나는 평온한 일상으로 다시 돌아갈 수 있을까!

담당 의사는 '수술 잘 되었으니 곧 좋아질 거라'고 힘들지 않게 쉽게 말한다.

시간이 약이다.

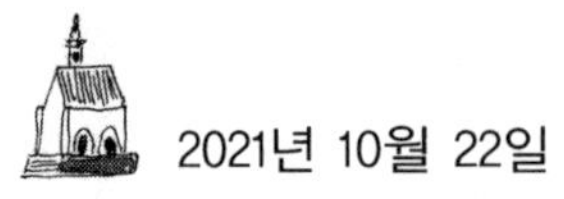

2021년 10월 22일

왕처럼 근엄하게 걷다

수술한 아내 간병하며 책을 읽다가 알싸한 가을바람 쐬며 틀어진 몸을 환기하고 싶어 병실을 나섰다. 갑자기 영하의 추위가 밀어닥친 시월의 해질녘은 생각보다 더 맵고 추웠다.

병원에서 가까운 '최인아 책방'에 들러 커피를 마시며 『모든 날에 모든 순간에 위로를 보낸다』를 몇 페이지 읽다가 맘에 끌려 바로 한 권 사들고 길 건너편에 있는 선릉으로 향했다.

서울 강남의 한복판에 역사의 숨결이 잠들어 숨 쉬는 선릉은 아직 덜 물든 단풍잎과 작은 바람에도 힘없이 떨어져 아무렇게나 나뒹구는 낙엽을 밟으며 가을을 걸었다.

500년 전, 조선의 왕으로 살다 죽어 묻힌 성종과 정현왕후 능인 선릉을 걸으며 21세기를 살아가는 나는, '빨리 빨리'에 익숙한 오늘의 삶으로 그들의 삶을 돌아보았다. 그렇지만, 천천히 느리게 살아있는 왕처럼 근엄하게 걸었다.

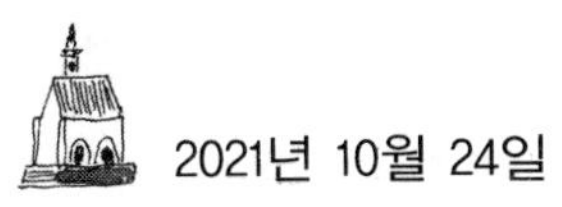

2021년 10월 24일

행복이란?

어깨 수술한 아내가 열흘 만에 병원을 퇴원했다. 일상으로 돌아가는 날이다.

행복한 가정이란 따뜻한 보금자리에 밤이 되면 흩어졌던 가족이 모여 하루 있었던 얘기를 오손도손 나누며 함께 잠이 드는 곳이다. 아침이면 눈 비비고 일어나 서로 마주보며 한 끼의 식사를, 한낮엔 하느님이 주신 각각의 달란트로 일터에서 구슬땀을 흘리다가 해가 지면 사랑하는 가족들이 기다리는 집으로 돌아갈 수 있다면 그건 대단히 행복한 삶이다. 어쩌면 우리 모든 사람들이 꿈꾸고 바라고 열망하는 삶이다.

분명하다.

왕후의 밥상은 아니더라도 하루 세 끼의 식사를 나눌 수 있고, 돌부리에 넘어져도 다시 일어설 수 있는 건강과 힘이 있고, 가족의 꿈을 위해 공감하고 이해하고 사랑하고 일할 수 있다면, 그 가정은 아름다운 행복을 이루어가고 있는 것이다.

어제보다 오늘, 오늘보다 내일이 조금 더 따뜻하고 빛날 수 있다면 기꺼이 나는 나의 온몸으로 내 가족을 품으리라. 그리고 사랑하리라.

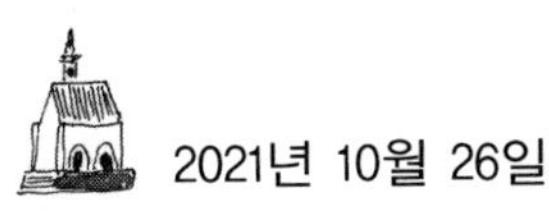

2021년 10월 26일

너도 영글면 이쁘다

올 들어 처음 우리 집 대봉감 한 소쿠리를 땄다.
어쩌면 이렇게도 하나하나가 탐스럽고 이쁠까!
사람도 이 대봉감처럼 잘 익고 영글면 곱고 이쁠 것이다.
나도 대봉감처럼 함초롬히 익어가고 싶다.

2021년 10월 29일

가끔은 부끄러울 때가 있다

살다보면 가끔은 부끄러울 때가 있다.

가깝거나 주위 사람들에게 보다 내 자신이 해야 할 일을 하지 않았거나 하지 말았어야 할 일을 했을 때가 더 부끄럽다.

내가 머문 곳에는 과거에도 현재도 부끄러움이 있었고 앞으로도 있을 것이다.

하지만 그때도 알지 못했고, 지금도 이유 없이 다가올 리 없는 이 부끄러움마저도, 내 스스로 성찰하고 거듭난다면 나도 작은 성자가 될 수 있을 것이다.

살다보면 가끔은 부끄러울 때가 있다.

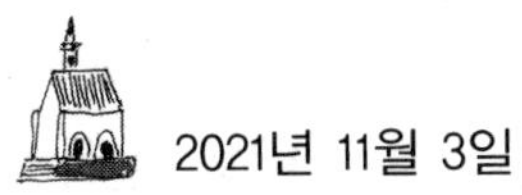

2021년 11월 3일

내일 일은 나도 몰라요

한 치 앞도 보지 못하고 사는 것이 우리 인간의 삶이 아닌가 싶다. 아내의 갑작스런 어깨 회전근 파열 수술로 나와 아내도 일상이 많이 달라지게 되었다. 오른손잡이로 오른손을 써야하는 아내에게는 불편한 것이 한두 가지가 아니었다. 먹고 잠자는 일상이 무엇보다 불편하고 그림을 오른손을 사용해 붓질해야하는데 거의 불가능했다. 어쩔 수 없이 지난 1년 간 놀며 쉬며 수채화그림을 붓질하며 운영하던 아내의 꿈의 공간인 화실 '갤러리 방'도 정리해야 했다.

아내의 어린 시절의 꿈을 늘그막에 어른이 돼서야 영근 꿈으로 만들어가는 곳이었지만, 아프고 불편한 몸 앞에는 어쩔 수 없이 갤러리를 접어야했다. 어쩌면 지금의 멈춤이 너무나 아쉽지만, 앞으로 더 멀리 더 높이 나아갈 수 있는 충전의 시간이 될 수도 있기 때문이다.

마침 멋진 젊은 청년이 아내의 시간의 흔적이 머문 '갤러리 방'을 알고 찾아와 자신이 평소 찾던 그런 곳이라며, 당장 사용하겠다고 해서 바로 '갤러리 방'을 비웠다. 그것도 이틀 만에 들어오겠다고 해서 바로 우리 부부만 사는 넓은 2층으로, 그의 친구들까지 데려와 갤러리에 있던 그림과 도구와 짐들을 옮겨주었다. 아내는 시원섭섭하다고 했다. 앞날은, 아니 코앞의 내일도 알 수 없지만 이틀 만에 이루어진 기적 같은 일상의 변화다.

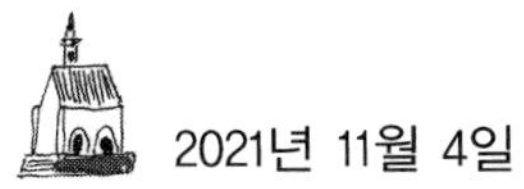

2021년 11월 4일

가까운 기억과 먼 기억

오랜 세월동안 많은 사람을 만나고 다양한 경험을 하며 세상과 숨 가쁘게 살아온 사람들이라면, 옛일에 대한 회상과 추억으로 지난날을 곰곰이 되돌아보고 곱씹어볼 때가 있을 것이다. 때때로 나도 살아온 지난날의 삶의 흔적들의 기억을 되살려보곤 한다. 살아온 세월만큼 잊지 못할 흔적들이 참 많다. 꼭 기억해야할 흔적도 있지만 잊어버리고 싶은 기억도 있다.

그런데 사람의 기억은 머리가 둘 달린 야누스처럼 이중적인가 싶다. 확실히 진한 기억은 가깝고 흐릿한 기억은 멀다. 아주 오래전, 까마득한 젊은 날의 일이 오늘 일처럼 또렷할 때가 있고, 얼마 되지 않은 엊그제 일이라서 그때의 일을 세세하게 기억해보고 싶은데 아무런 감흥도 없고 희미해 잡히는 것이 거의 없다. 추억은 그렇다. 가까운 기억과 먼 기억 사이에서 추억은 자신의 삶에 남긴 진한 흔적들의 손짓이 아닐까한다.

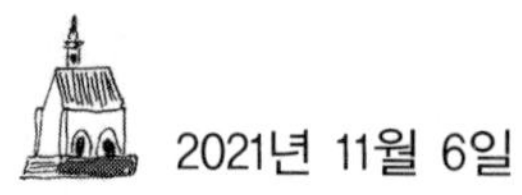

2021년 11월 6일

가을 아침 풍경

나에게 허락된 오늘 하루도 조금은 더 유익하고 보람된 날로 기억되기를 기대하며 대문을 일찍 나섰다. 내 젊은 날 늦가을 이맘때, 어둠이 채 가시지 않은 이른 아침 직장에 출근하다 보면 간밤에 길바닥에 나뒹구는 낙엽을 손수 대나무빗자루로 쓰는 환경미화원을 자주 볼 수 있었다. 하지만 요즘은 떨어진 낙엽을 굉음소리를 내며 거센 바람으로 날려버리는 진공청소기를 미화원들이 어깨에 짊어지고 길거리를 깨끗하게 청소한다.

밤새 이슬 서리 맞고 땅에 납작 엎드린 젖은 낙엽은 진공청소기의 거친 바람을 못 이겨내고 허공에서 이리저리 춤을 추며 낙하하는 모습이 어찌나 헐겁고 아프던지! 그 모습을 지켜보다 나는 길가에 차를 잠깐 멈췄다. 차창 밖으로 얼굴을 내밀며 "아저씨, 보소! 천천히 쉬어가며 하소!" 하지만 그는 내 말에 아랑곳하지 않고 가을을 쓸었다.

4.

사랑이 답이다

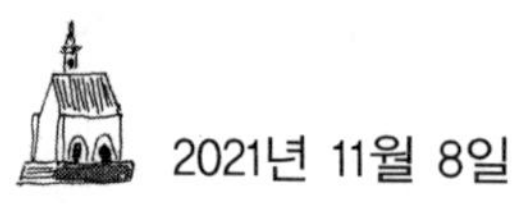 2021년 11월 8일

살아가는 힘, 친구

쌀쌀한 가을바람이 부는 해질녘, 곱게 물든 단풍잎이 떨어져 뒹구는 어린이대공원을 오랜 말벗인 동생 재승이랑 걸었다. 말을 맛깔나게 하는 동생은 사람과 술도 좋아하지만 눈과 단풍도 좋아해 공원으로 나를 불러 함께 걷고 싶었단다. 낙엽이 지는 가을엔 강변, 산, 공원, 들길을 걷다 보면 어린 시절에 만나 오랜 세월 동고동락한 친구들과 사회생활하며 여러 인연들로 만나 또 다른 세상을 알게 해 준 이들이 고맙고 감사하다. 그들이 지금 어디서 무얼 하든 젊은 날 나에게 꿈과 희망을 주었고 내 말에 귀 기울여 주었음에 늘 고맙고 그립다.

어렵고 힘든 상황이 설사 다가오더라도 언제나 나를 믿어주는 친구가 있다는 그것만으로도 나에게는 살아가는 힘이 되고 용기가 되었다.

내가 살아가면서 누군가의 그의 사람이 되는 것도 그렇고, 나에게 그 사람이 있는 것만으로도 참으로 나는 행운이고 축복 받은 사람이다. 같은 방향으로 바라보며 같은 보폭으로 길을 걷고, 떨어져 있어도 보고 싶어 서로 안부를 묻고, 안녕하기를 기도해 주는 그런 친구가 있어 나는 세상 살아가는 살맛이 난다.

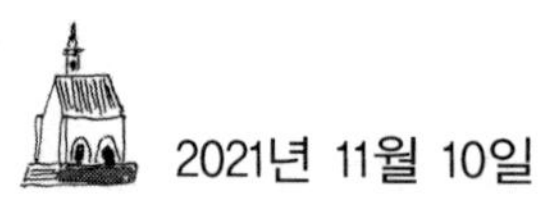 2021년 11월 10일

엎드린 자는 고개를 들 수 없다

가을비 내리는 이른 아침에 강변오솔길을 영동대교에서 성수대교까지 걸었다.

간밤에 불어대는 비바람을 이기지 못하고 떨어진 나뭇잎이 빗물에 흠뻑 젖어 길바닥에 납작 엎드려 나를 공손히 맞았다.

반쯤 물들다만 단풍잎들이다.

저들도 이슬 된서리 맞으며 지난가을 내내 참고 견디며 애썼겠지만 동아줄 같은 인연을 끝내 맺지 못해 물들지 못한 채 낙하한 단풍잎들이다.

길 위에 납작 엎드린 저들은 무슨 이유 때문에 고개를 들지 못하는 것일까!

낙하한 자는 원래 말이 없는 것이다.

나도 아무 말도 하지 않았다.

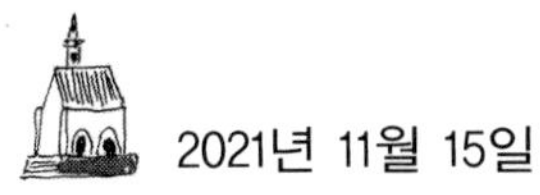

2021년 11월 15일

하느님이 원하는 것, 내가 원하는 것

달포쯤 남은 올해도 거의 갔다. 아니 끝머리에 왔다. 한 해를 시작하면서 후회 없이 다부지게 살아보자고 다짐하고 애도 많이 썼다. 하지만 어느 것 하나 내가 바라고 원하고 계획한 대로 이루어진 것이 없다. 아마 하느님은 내가 계획한 대로 사는 것을 좋아하지 않는 모양이시다. 어쩌면 하느님은 내가 계획하고 원하는 대로가 아니라 당신이 계획한 대로 사는 것을 원하신 것인지도 모르겠다. 내 욕심, 내 욕망을 내려놓자.

새벽에 한강을 걸었다. 바람이 제법 거칠다. 가을바람이 아니다. 겨울이 넘쳐났다. 가을 속에 겨울이 이미 와있다. 가로수 단풍잎은 나뭇가지에서 손을 놓아버렸지만 아직 가을은 도심 공원 곳곳에 그대로 숨 쉰다. 다시 한 주일을 시작한다. 어제 같은 오늘이지만, 어제보다 오늘은 내 인생에서 조금은 더 뜨겁고 아름답게 기억되는 날로 기록하고 싶다. 파이팅! 하자.

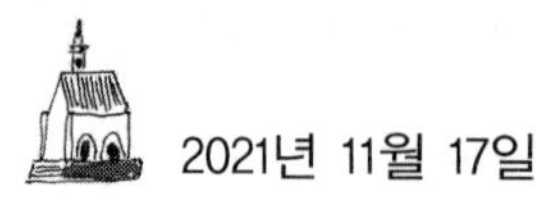
2021년 11월 17일

인생은 한 송이 꽃으로 피어나는 것

한강에서 불어오는 강바람에 방향 없이 떨어지는 단풍잎을 밟으며 강변 오솔길을 걸었다. 하늘이 거저 준 바람 햇살 물을 마시며 곱게 물든 단풍잎이 당당하게 한 생애를 마감하고 또 다른 생애를 위해 또 다른 길을 떠나는 것이다. 우리의 삶도 나뭇가지에 머물다 가는 나뭇잎과 무엇이 다르랴? 여러 인연들로 맺어진 인생을 하느님이 주신 달란트대로 자신의 인생을 위해 최선을 다해 살다 한 줌의 흙으로 돌아가는 것이다.

인생은 길 위에서 잠시 머물다 가는 여행길이라 하지 않았던가! 아니 잠시 이 세상에 소풍 왔다가 하느님의 품으로 돌아가는 것이라 하지 않았던가! 그래서 우리의 삶은 유쾌 상쾌 통쾌한 여행길이어야 한다. 특별한 흔적이나 기록을 남기기보다 선하고 겸손하게 살아가려는 나의 삶으로 내 가족과 이웃에게 위로와 힘이 되어주는 삶이길 원한다. 한여름 찌는 더위와 비바람 맞으며 잠시 푸르렀다가. 가을이면 새벽마다 된서리 맞으며 붉게 물들어가는 단풍잎처럼, 인생은 힘들고 아파도 꺾이지 않고 한 송이 꽃으로 피어나 달달하고 견실한 열매가 되는 것이다.

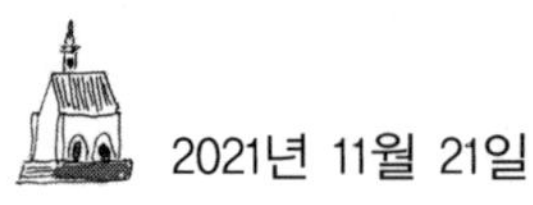

2021년 11월 21일

친구

매서운 바람 불고 추운 날이면 친구 Y가 생각난다. 태어날 때부터 가정형편이 어려웠던 그는 배움의 길은 짧았지만 주어진 환경을 탓하지 않고 자신과 가족의 행복을 위해 최선을 다해 헌신했다. 한결같이 30여 년의 세월을 동대문 새벽시장에 나가 무거운 등짐을 짊어지고 이 가게 저 가게 계단을 오르내렸다. 그는 자신이 하는 일이 하찮고 보잘것없어 사람들에게 자랑거리는 되지 못했지만, 가족의 행복과 꿈을 위해서는 최선의 길이라는 것을 알고 있었다.

그는 태어날 때부터 부모가 주신 튼튼한 몸으로 할 수 있는 일이 있음에 늘 감사해 했고, 자신이 하는 일이 가족과 형제들에게 행복과 희망을 준다는 사실에 긍지와 보람을 느꼈다. 그가 있는 힘과 열정을 다했기에 그 가정은 늘 웃음꽃이 피었고, 자녀들을 이 사회에 봉사할 수 있도록 아름다운 꽃으로 피운

그에게 나는 진심으로 힘찬 응원의 박수를 보내곤 했다.

어렵고 힘든 상황에서도 세상 유혹에 갈대처럼 흔들리지 않고 한 가정의 아들, 아버지, 남편, 가장으로서 가족을 위해 우직하고 듬직하게 묵묵히 살아가는 그가 내 친구라는 사실이 자랑스럽고 항상 내 옆에 있어 행복했다. 그는 나에게 무슨 일이든 최선을 다하는 마음 자세와 열정과 용기를 주었다.

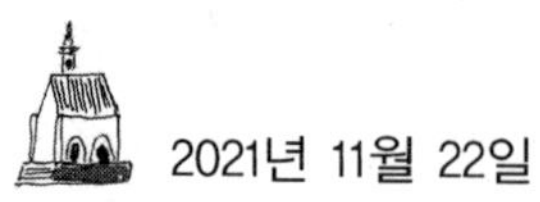
2021년 11월 22일

겨울은 독서의 계절

사람들은 가을은 덥지도 춥지도 않기에 책 읽기가 좋아 독서의 계절이라 한다. 하지만 나는 비바람 불고 눈 내리는 겨울이 독서하기에 가장 좋은 계절이라 생각한다. 엄동설한으로 외부활동이 줄어든 겨울은 따뜻한 실내에 앉아 독서하기에 가장 좋은 조건이기 때문이다. 나는 나들이하기 좋은 가을보다 외부활동이 적은 겨울에 더 책을 많이 읽고 즐거움과 재미를 더 느낀다. 많은 사람들이 책을 읽으라고 권하는 것은 책에 특별한 힘이 있다는 것을 경험해서일 것이고, 책을 통해서 새로운 세계를 볼 수 있으며, 책이 삶의 훌륭한 멘토 역할을 해주기 때문일 것이다.

나 역시 글 쓰는 작가로서 또 자식을 둔 아버지로서 미래를 준비하는 아들들에게 독서가 중요하다고 잔소리처럼 말한다. 책을 통하면 직접 보고 경험하지 않아도 새로운 세계를 볼 수 있는 혜안의 눈을 가질 수 있다고 역설한다. 하지만 아직 독서의 힘이 와 닿지 않는지, 아니면 바쁜 일 때문인지 독서의 중요함을 절감하지 못하는 것 같다. 하지만 머지않아 그 필요성을 알게 될 날이 다가올 것이다.

2021년 11월 28일

무릉계곡

무릉계곡 아침 기운이 제법 매섭다
산에서 사는 산바람이 산을 내려와 폐부를 파고든다.
몸을 찌르는 바람이 정신을 반짝 들게 한다.

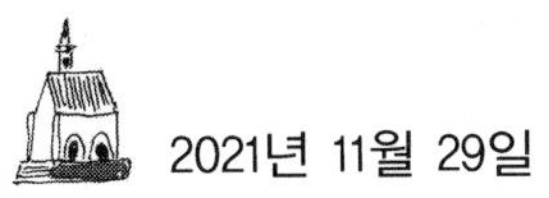

2021년 11월 29일

여행은 두 얼굴을 가진 야누스다

쌀쌀해진 늦가을 동해바다의 거친 바람과 끝없는 수평선과 검푸른 파도를 사흘 동안 실컷 눈과 가슴에 그득 담아서인지 몸과 마음마저 가볍고 상쾌하다. 여행은 두 개의 얼굴을 가진 야누스다. 확실히 나에게 여행은 그렇다. 언제 어느 곳으로 떠나든, 여행 준비를 한다는 것은 기대와 설렘과 호기심이 앞선다.

그렇지만 기대와 설렘으로 떠난 여행도 여행하는 날들이 길어지고 기간이 쌓이면 몸은 서서히 피곤해지고 지쳐간다. 힘들고 지치면 즐겁고 재미있어야 할 여행이 짜증이 난다. 떠나기 전 기대했던 여행의 설렘과 기대와 호기심은 온데간데없이 사라지고 어서 빨리 집으로 돌아가고 싶어진다. 하지만 여행에서 돌아와 오래도록 남는 기억은 힘들었던 여행에서의 낯선 경험과 두 번 다시 경험하고 싶지 않은 일들이 다시 솜사탕처럼 좋은 추억으로 부풀어진다.

여행은 힘들고 고생스러워 다시는 떠나고 싶지 않겠다고 다짐하면서도, 다시 떠날 날을 손꼽아 기다려지는 것은 여행이 이처럼 야누스처럼 이중적인 두 개의 얼굴을 가졌기 때문이다. '집 떠나면 고생이다'라고 했지만 어느 곳에 머물든 '익숙한 곳을 떠나면 여행이다'라고 생각하는 것이 나의 오래된 믿음이다.

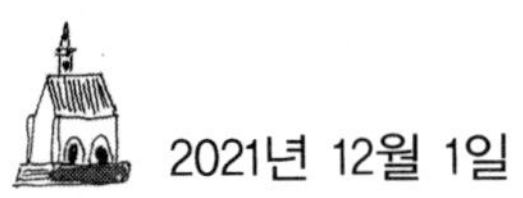

2021년 12월 1일

대봉감나무

아마 10년 전쯤으로 기억된다.

매년 한 해의 마지막 달 이맘때쯤, 갑작스럽게 매서운 겨울 한파가 밀려오면 우리 집 마당 대봉감나무 한 그루에서 어른 주먹보다 더 큰 대봉감 150여 개를 넘게 따서 이웃들과 나눠 먹었다.

우리 집 감 따는 날은 지난여름과 가을이 위대했음을 확인하는 날이다.

올해도 예년처럼 풍성하게 열렸다.

올해는 두세 차례 나눠서 감을 따야겠다.

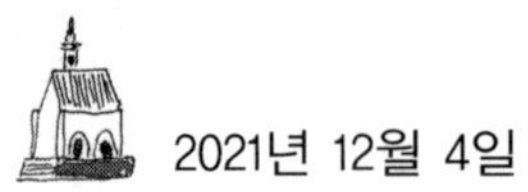 2021년 12월 4일

새들도 우리 가족이다

한 해의 마지막 달 첫 주말 공기가 무척 매섭다. 종일 도심의 길거리와 골목길을 헤집는 바람이 거칠고 날카롭다. 모임에서 늦게 귀가해 갑자기 밀어닥친 강추위에 마당 모퉁이에 있는 수도꼭지 동파 되지 않도록 헌옷으로 칭칭 감아 두껍게 보온덮개로 싸맸다.

혹여나 감나무 가지마다 익을 대로 익은 대봉감이 밤새 꽁꽁 얼까봐, 번갯불에 콩 볶듯이 까치밥 남겨놓고 어둑어둑해질 때까지 사다리에 올라가 손닿는 곳까지만 아내와 감을 땄다. 이제 우리 집 겨울맞이 월동준비는 대충 끝났다.

눈 내리고 추워지면 새들이 감나무가지에 남겨놓은 까치밥을 먹기 위해 자기 둥지를 드나들듯 조잘대며 우리 집에 아침마다 문안인사 드리러 올 것이다. 매섭고 추운 한겨울에 우리 집 대봉감을 함께 나눠먹을 수 있으니 새들도 우리 가족이다.

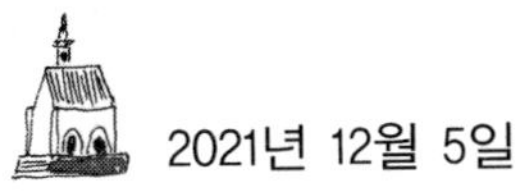
2021년 12월 5일

젊은 날의 추억, 산마루고개

겨울이 기어코 산 넘어 오나 보다.
여행 떠나기 좋은 계절이다
나뭇잎 진 산마루 고개에
코끝 시리도록 알싸한 바람 불고 흰 눈 날리면
소주 두어 병에 새우깡 몇 개 배낭에 넣고
젊은 날 이유 없이 방황하던 산마루고개에 다시 가고 싶은 겨울이다.

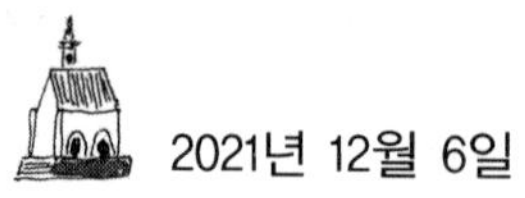

2021년 12월 6일

동해바다

뜨겁고 찌던 지난여름과 달리 3개월 만에 다시 찾은 겨울 동해바다는 예리해진 추위와 거친 바람이 나를 맞아주었다. 맑고 푸른 하늘과 검푸른 바다가 맞닿은 수평선과 지칠 줄 모르고 해변으로 거침없이 밀려드는 하얀 파도를 눈과 가슴에 그득 담았다. 그래서일까! 몸은 지쳐 쓰러질 것처럼 녹초가 되었지만 마음과 영혼만은 하얀 목화솜처럼 깨끗하게 부풀어 올라 가벼웠다. 확실히 여행은 두 개의 얼굴을 가진 야누스다.

여행에서 몸은 에너지 고갈로 지치고 피곤해 천근만근 무거워지지만 마음과 영혼은 힐링과 충전으로 생기 넘치는 공간으로 채워진다. 사람마다 여행하는 목적과 이유가 다르겠지만, 나에게 여행은 재미와 즐거움을 넘어 일상을 보다 활기차고 적극적으로 살아가게 하는 여유와 가슴을 뛰게 하는 에너지를 만들어준다. 여행은 내가 가는 길에서 보고 만나고 느끼고 경험했던 풍경과 자연과 사람들이 나에게 새롭고 신선한 생각과 영감을 주었을 뿐만 아니라 적극적으로 살아갈 수 있는 열정과 힘을 선물해 주었다. 이번 동해여행도 그랬다.

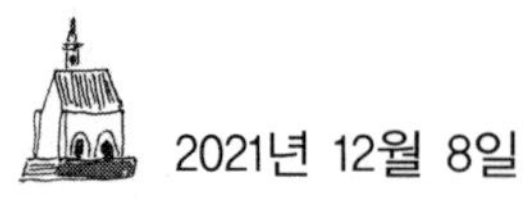 2021년 12월 8일

시간이 답이다

인구 5천만 명인 작은 나라 대한민국에서 하루에도 1, 20만 명씩 코로나 양성 확진자가 발생하고 있다. 코로나 팬데믹으로 평범한 일상을 기대하던 올 연말 12월은 다시 멈춰버린 달이 되었다. 한두 달 전만 해도 1만 명 내외로 발생하던 확진자가 오미크론의 대유행으로 정부의 방역체계 대응에 문제가 발생한 것이다. 확진자 수가 기대와 달리 예상을 뛰어넘었다. 우리의 삶이 늘 그렇다. 결국 이 코로나 팬데믹 비상상황도 시간이 해결할 것이다.

어쩌면 평범한 일상이 멈춰버린 지금 이 상황이 한 사람 한 사람 개인에게는 진부한 범부의 삶을 바꾸고 변화시켜 자신만의 소중하고 특별한 삶으로 만들 수 있는 아주 좋은 호기인지도 모른다. 어렵고 복잡한 것도 거듭해 반복되고 시간이 흐르면 간단해지고 단순해지듯, 비범하고 위대한 사람은 앞으로 나아갈 수 있는 힘을, 많은 사람들이 아무것도 할 수 없는 상황에서 자신만의 길을 찾은 사람이다. 그렇다. 평범한 일상이 사라진 지금의 이 코로나 팬데믹 상황은 어느 누군가에게는 황금의 시간이요 기회의 순간인지도 모른다.

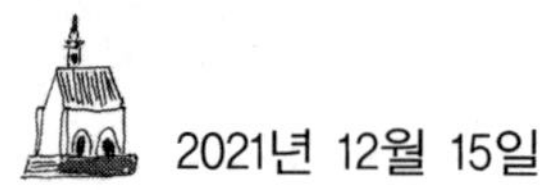

2021년 12월 15일

겨울비

새벽에 선잠 깨어 집 바깥이 궁금했다.

반갑지 않은 겨울비가 내리고 있다.

이왕이면 하얀 눈송이로 내리면 좋으련만!

겨울답지 않은 따뜻한 기온 탓이다.

밤늦게 잠든 아내가 잠에서 깰까봐

살금살금 거실 창문을 열고 밖으로 나가 보았다.

어둠속에 하늘은 갇히고 싸한 공기가 코끝을 훔쳤다

다시는 오지 않을 2021년 12월 15일 새벽은 내가 예상치 못한 비 내리는 풍경으로 다가섰다.

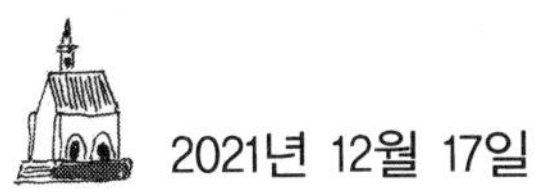

2021년 12월 17일

오래된 습관

아침에 매서운 칼바람이 불었다. 12월 들어 가장 추웠다.

아침에 기상하면 잠옷차림 그대로 기지개를 펴고 가장 먼저 하는 것이, 거실커튼을 젖히고 창문을 열어 창밖의 하늘 건물 가로등, 나무 등 마당풍경을 바라보는 것이 나의 오래된 습관이다. 30여 년을 한동네 한집 한곳에 살면서 한 방향으로만 하늘은 바라보지만 창밖은 사시사철 시시각각으로 하루도 같은 풍경 같은 바람이 아니다. 자연은 한순간도 잠들지 않는다.

언제든지 창밖이 보이는 거실에 서면, 사시사철 자연의 변화를 보고 느끼고 감상할 수 있는 풍광이 있어 고맙고 감사하다. 오늘 아침도 평상시처럼 습관적으로 하늘을 바라봤다. 세상은 잿빛 하늘에 둘러싸여있다. 사람들이 잠들어 꿈꾸는 이 시각, 하늘엔 달마저 없는 칠흑 같은 어두움뿐인데, 차가운 겨울 새벽 밤거리를 훤히 밝히는 가로등불빛이 오늘따라 유독 외롭다.

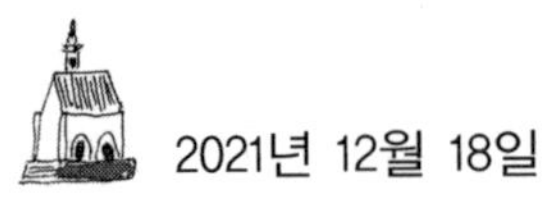

2021년 12월 18일

지구촌이 왜 이렇게 되었을까?

우리가 사는 지구촌은 예전에 한 번도 경험하지 못한 놀랄만한 사건 사고와 재난과 재앙이 빈번하게 발생하고 있다. 지금 지구촌 곳곳에서 우리의 의지와 힘만으로는 감당하기 어려운 하루에도 수십만 명씩 발생하는 전염병인 코로나, 전쟁과 폭력, 지구의 심연에서의 예고 없는 지진과 화산폭발, 대기권의 기온과 기압의 차이로 발생하는 태풍 토네이도를 만난다. 이 재난과 재앙은 우리의 생명뿐만 아니라 애써 가꾼 보금자리를 한순간에 쑥대밭으로 만든다. 예전엔 어쩌다 경험했던 재난과 재앙이 우리 가까이서 빈번하게 발생해 평화롭고 안락한 삶을 꿈꾸는 우리 인간에게는 너무나 두렵고 위험한 존재가 되었다.

왜, 어쩌다, 이렇게 되었을까?

우리가 몸을 기대어 살아가야만 하는 지구가 어느 하루도 바람 잘 날 없는 지구촌이 되었을까! 우리의 이기적이고 자신만을 위한 지나친 욕심과 욕망으로 지구촌 곳곳의 환경을 파괴하고 자원을 낭비한 때문이 아닌가싶다.

다시 한 해가 저문다. 우리를 어렵고 힘들게 하는 사건 사고와 재난과 재앙이 우리 지구촌에서 어서 빨리 사라지기를 원하며, 서로가 믿고 신뢰하는 따뜻한 세상이 되었으면 좋겠다.

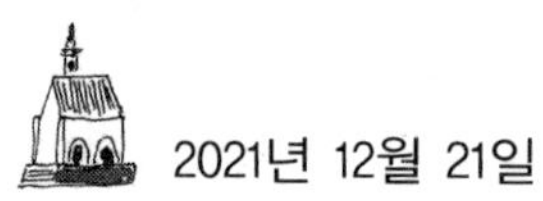2021년 12월 21일

너 자신밖에 없다

○○에게 쓴다. 좋고 편하다고 해서 공동체생활이 쉬운 것이 아니다. 어느 곳에서나 인간관계가 가장 중요하지만 가장 어렵고 힘들다. 동료와 선후배들과의 보직과 직책과 진급에 대한 경쟁이 또한 그렇다. 직책과 직급이 높아지면 경쟁은 더 치열하고 일은 더 힘들고 강도가 높아진다. 그래서 치열하게 살아가야만 하는 경쟁 사회는 재능과 실력이 무엇보다 중요하지만 인간관계와 평판이 좋아야한다. 어쩌면 동료가 큰 도움도 되지만 때로는 아픔도 주고 경쟁상대가 되는 경우도 있다. 그래서 공동체에서는 말수를 줄이고 그들의 말에 관심을 갖고 경청 하되, 스스로 깊이 생각하고 옳고 바른 판단을 할 수 있도록 꾸준한 공부와 열정과 힘을 다해 자신의 일에 최선을 다해야 한다.

마지막까지 어느 누군가가 인도해주고 울타리가 되어줄 거라고 기대해서는 안 된다. 어느 누구도 자신의 편의와 이익을 위한 것이지 진정으로 네가 고민하고 아파하는 만큼 도와주고 울타리가 되어줄 순 없다. 결국 너에게는 네 자신밖에 없다. 약해져서는 안 된다. 강해져야 한다. 어떤 일을 결정하든 사람들의 말과 의견은 경청하되 마지막은 네 스스로 결정하고 네 힘으로 일어서야 한다. 그래야만 진정으로 네가 웃을 수 있다.

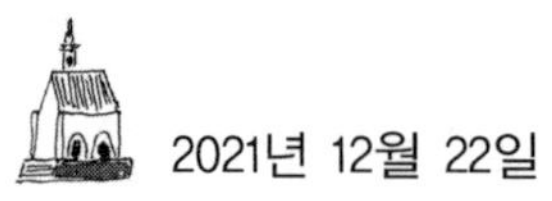

2021년 12월 22일

따뜻한 친구

나에게는 하루가 멀다 하고 "잘 있냐?" "뭘 하냐?"고 전화를 주고, 잊을 만하면 드문드문 어디에서 가져온 글인지 '좋은 글'이라며 재미있는 멘트까지 달아 친절하게 보내 주는 속 깊은 친구가 있다.

그가 유독 고맙고 감사한 것은 별나고 특별한 것은 아니지만 소소한 일상과 세상 소식을 전하며 한번 맺은 인연에 끊임없는 관심과 배려 그리고 따뜻한 마음과 정이었다.

안부를 묻는 짧은 전화 한 통, 소식을 전하는 몇 줄 안 되는 글이지만 나의 일상을, 나의 인생을 조금은 더 따뜻하고 신나게 해 주었음을 내 몸도 내 마음도 그 친구를 기억한다.

*(나의 가장 친하고 따뜻했던 친구 이용기는 안타깝게도 2022년 9월 29일 사랑하는 가족들을 남겨두고 하늘나라에 별이 되었다. 친구의 영원한 안식을 위해 기도한다)

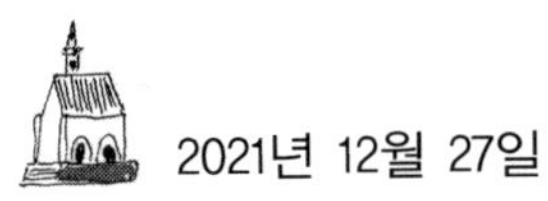

2021년 12월 27일

한 해의 마지막 주일

2021년 52번째 마지막 월요일이다.

서울의 아침은 영하 14도로 한반도가 꽁꽁 얼어붙어 올 들어 가장 추운 날이라고 한다.

한 주가 시작되는 월요일 아침엔 잠자리에서 일어나고 싶지 않는 날들도 여러 날이었지만, 오늘이 올해의 마지막 월요일이라니 지난 한 해가 마냥 아쉽다.

어둠을 깨우며 한강을 걸었다.

내 스스로 일어날 수 있다는 것과 내 의지대로 걸을 수 있다는 것에 감사하자.

며칠 남지 않은 한 해의 끝자락, 나도 많이 사랑했고 열심히 살았노라고 소중한 사람에게 귓속말로 소곤소곤 말해주고 싶다.

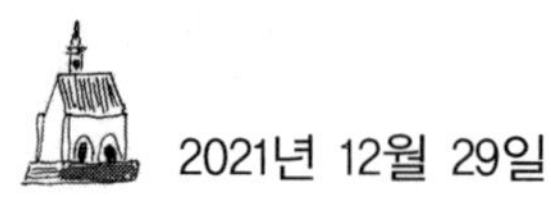

2021년 12월 29일

내 갈지자(之) 발자국

간밤에 한강변에 몰래 내린 하얀 눈을 밟으며 이른 아침에 걸었다.

사각 사각거리는 눈 밟힌 소리가 나의 지난날을 깨우는 일침 같았다.

잠시 걸음을 멈추고 뒤돌아 눈 위에 갈지자(之)로 걸어온 내 발자국을 바라봤다.

내 젊은 날 이리저리 함부로 걸었던 그 발자국이다.

혹여나 어느 누군가 내 발자국 따라 갈지자(之)로 걸을까싶어 저어하다.

부끄럽다.

2021년 12월 31일

한 해 한 해가 고맙고 감사하다

2021년 마지막 날이다. 하루해가 끝나는 해질녘에 아내와 한강을 걸었다. 매서운 동장군이 몰고 오는 거센 바람에 한강의 물결이 높고 거칠다. 지난여름 한강을 걷던 그 많던 사람들은 어데 가고 띄엄띄엄 젊은 연인들과 가족단위의 사람들만 무리지어 걷는다. 올 들어 처음 한강 가장자리엔 하얀 얼음이 엷게 얼기 시작했다. 새해에는 한강이 꽁꽁 얼어 스케이트 탈 수 있는 얼음 빙판이 되었으면 좋겠다.

인구 천만이 사는 도시에서, 내 발걸음 닿는 곳에 언제든지 볼 수 있는 아름다운 한강이 흐르고 있어 고맙고, 이 한강을 함께 걸을 수 있는 평생지기가 있어 감사하다. 다시 한 해가 저문다. 강물이 흐르고 흘러 바다로 흘러가듯 많은 시간이 나를 스치고 세월의 바다로 흘러갔다. 시간이 흘러간 만큼 바다에는 아름다운 추억도 그만큼 쌓였다. 가늠할 수 없지만 나에게 남겨진 시간을 살아왔던 날들보다 더 멋지고 신나고 재미있게 살아야겠다. 지난 한 해 함께한 모든 이들에게 고마움과 감사함을 전하며, 새해엔 건강하고 행복하길 기도한다.

2022년 1월 1일

한 가정이 통째로 오다

새해 첫날 아침, 아내와 나는 우리가 믿는 주님 앞에 무릎을 내려놓고 가족의 건강과 평안과 행복을 위해 기도했다. 특별히 우리 부부의 건강과, 멀리 미국 보스턴 하버드 의대에서 연구에 몰두하고 있는 큰아들과 교보생명에서 직장생활 하는 둘째 아들의 꿈과 행복이 이루어지기를 빌었다. 또한 새가족이 될 며늘아기를 위해서도 기도했다. 신년 연휴를 이용해 둘째아들이 사랑하는 민정이와 결혼하겠다고 처음 집으로 인사 왔다. 얼마 전, 인사 오겠다는 소식을 받고 아내는 예비 며늘아기에게 선물할 예쁜 꽃다발도 준비하고 맛있는 음식도 손수 마련했다. 나는 집안 곳곳을 깨끗하게 정리정돈 했다.

아들과 며늘아기가 점심때 집에 도착하자 우리 부부는 기쁘게 환영했다. 사귄 지 거의 1년이 다되었지만 부모로서 첫 대면이다. 첫인상이 참하고 정결하다. 얼굴표정과 몸자세가 바르고 꾸밈이 없어 순수하고, 묻는 말에 대답하는 목소리의 톤과 말투가 분명하고 간결했다. 생각과 사고의 유연성도 있었고 좋은 인성을 가진 처자로 아들과 잘 어울릴 것 같다. 두 사람이 성인이라서 살면서 도움 될 몇 가지만 당부했다. 즐겁고 재미있게 하고 싶은 것 함께하면서 부모형제뿐만 아니라 이웃도 돌아보고 챙기며 살라했다. 각자 다른 가정환경에서 성장했지만, 서로가 소중한 사람이니 서로 귀하게 여기고 모두로부터 사랑받고 존경받으며 살아가길 당부했다. 이제 우리 가정에도 며늘아기 한 사람이 아니라 통째로 새로운 한 가정이 오게 된다.

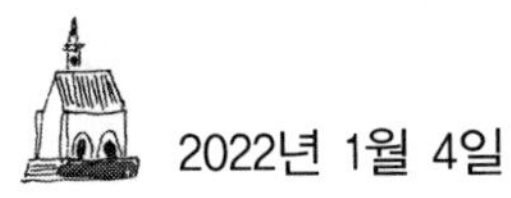

2022년 1월 4일

범부의 삶

새해 들어 첫눈이 내렸다.

기쁨 주는 서설이리라.

저녁엔 아내와 와인을 마시며 "지금까지 세상을 살면서 아무 탈 없이 살아왔다는 것이 얼마나 행복한 삶인가!"라며 밤늦도록 이런저런 얘기를 나눴다.

겨울밤이 짧았다.

하지만 새해 들어 스스로 한 약속이 있어 이른 아침 꽁꽁 언 한강을 바라보며 총총걸음으로 걸었다.

매서운 강바람이 윙윙 울어댔지만, 몸과 마음은 봄날에 눈 녹듯 녹아내렸다.

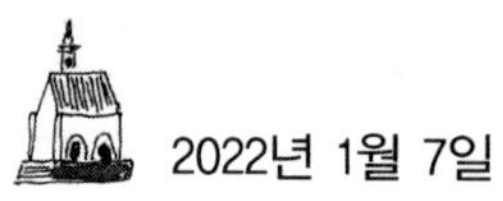 2022년 1월 7일

인사는 그 사람의 품격이다

춥고 힘겨운 날에는 따뜻한 말 한마디가 온기와 생기를 돌게 한다.

오늘이 그랬다

내가 보지 않아도

내가 듣지 못해도

내가 알아보지 못해도

"안녕 하세요." "안녕히 계셔요."라는 짧은 인사 한마디가 나를 따뜻하게 했다.

"애 쓰세요." "수고 하세요."라고 건네는 짧은 인사말 한마디에 그 사람의 품격이 달라보였다.

인사는 그 사람의 품격이다.

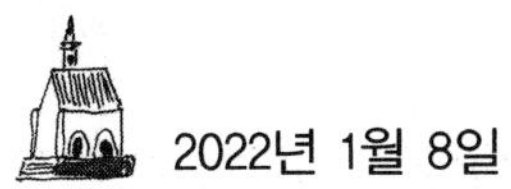
2022년 1월 8일

자식 가진 부모는 다 그렇다

시간이 조금 흘렀지만, 안양에 있는 소년분류심사원 아이들을 위해 한 달에 한 번씩 생일잔치를 봉사한 적이 있다. 그곳은 가정형편이 어려워 가출했거나 잘못된 친구를 만나 사고를 치고 잡혀와 재판을 기다리는 아이들이 있는 곳이다. 자식을 낳았다는 죄로 부모들은 자식을 면회와 가슴 치고 눈물 흘리는 곳이다. 어느 부모나 철장 안에 있는 자식을 보면 달구똥 같은 눈물을 흘린다. 철없는 자식은 부모의 애타는 마음을 조금이나마 아는지 모르겠지만, 부모들은 애간장을 녹이는 눈물로 자식의 죄를 씻어낸다. 아이들의 엄마는 철창문을 잡고 한참동안 울고 나서야 말문을 연다. 그 관경을 볼 때마다 나도 눈물을 흘렸다. 자식을 위해서라면 부모는 어떠한 고난과 고통도 받아들인다. 할 수만 있다면 자식을 위해 감옥살이도 대신하고자 하는 것이 부모다. 바로 그것이 자식가진 부모의 마음이다.

부모에게 자식이란? 부모의 마음을 이해하고 사랑하는 아이도 자식이요, 하라는 공부는 하지 않고 가출해 나쁜 친구들과 사고를 치며 부모를 아프게 하는 아이도 자식이다. 부모는 자식을 날 때의 고통과 괴로움, 진자리 마른자리 갈아 뉘며 손발이 다 닳도록 고생하지만 그 고통과 고생을 기억하지 않는다. 가슴으로 낳고 가슴으로 키웠기 때문이다. 자식을 가진 부모는 다 그렇다.

5.
신이 존재하는 이유

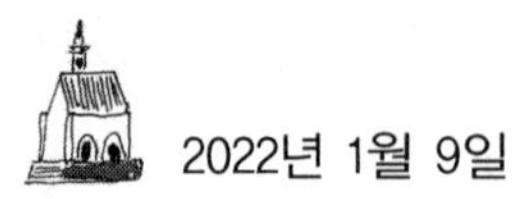

2022년 1월 9일

기록은 사람의 기억을 뛰어 넘는다

어제는 남산둘레길을 올해 들어 처음 걸었다. 오랜만에 걸어서인지 피곤해 오늘은 늦잠까지 잤다.

중천에 해 뜨자 일어나 구약성경 「사무엘하권 4장」을 필사했다. 다윗과 엇나간 자식에 대한 얘기다. 토요일부터 다음 주 화요일까지 나흘간 휴가다. 집에서 놀며 쉬며 남산둘레길 걷고, 성경 필사하고, 책 읽고 문인협회에 보낼 수필 한 편 써야겠다.

그리고 열흘 뒤에는 5박 6일 일정으로 겨울여행을 떠날 계획이다. 숙소는 서귀포 소천지 근처 제주대학교 연수원으로 아내 친구를 통해 정했다. 천천히 조금씩 올레길을 걸으며 서귀포 칠십 리 수평선 검푸른 바다와 하얀 파도를 마음껏 보고 즐기고 싶다.

다시 올레길을 걷는 것도 코로나로 1년 만이라 설레고 기대된다. 내가 살아있음 확인하고 싶어 평상시와 여행 중에도 드문드문 글을 썼더니, 책 한 권 분량의 글이 쌓였다. 그렇고 그런 날도 기록된 하루는 조금씩 다르지만 기록되지 않은 하루는 모두 비슷해 구별되지 않는다. 기록되지 않은 것은 사라진다.

올 연말까지 다시 한 권의 책으로 이 세상에 나를 이야기하러 가게 될 것 같다. 늘 기억하자. 기록은 사람의 기억을 뛰어넘는다는 진리를.

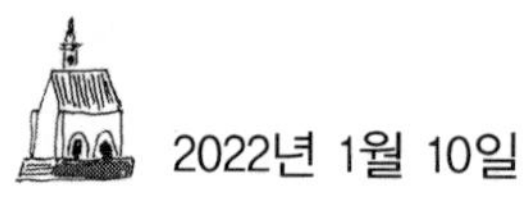
2022년 1월 10일

먹는 즐거움

토요일과 일요일, 그리고 쉬는 날 아침식사로, 파리바게트 찰옥수수식빵 1장, 달걀 후라이 1개, 사과 1개, 햄 1장, 약간의 야채샐러드, 우유 1잔씩이 우리 부부가 맛있게 먹는 간편식 아침식사 메뉴다. 전자레인지에 데운 따뜻한 찰옥수수식빵에 햄과 달걀후라이와 샐러드와 사과를 얇게 저며 넣어 한입 베어 먹으면 입안에서 느끼는 달콤함과 새콤함, 먹고 나서의 포만감은 즐거움과 행복감을 더해준다.

식사가 끝나갈 쯤 아내가 정성껏 예가체프 원두를 모카포트에 내려서 주는 진한 카푸치노 커피에 시나모가루를 살짝 얹어 마실 때 비로소 커피맛을 나는 제대로 느낀다. 일주일에 두세 번 조식으로 따뜻한 찰옥수수식빵에다 시원하고 상큼한 사과에 진한 카푸치노 한 잔은 잠자던 입맛을 군침 돌도록 깨운다. 먹고 마시는 즐거움에 힘이 난다.

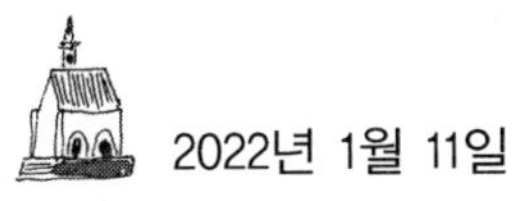

2022년 1월 11일

거침없이 질주하자

연차 휴가지만 코로나 팬데믹으로 여행 떠나지 못하고 방에서 뒹굴다.

책 읽다, 한강오솔길 걷다, 남산둘레길 빙빙 돌았다.

오늘만이라도 평상시와 다르게 살아보는 것이다.

한번 해보고 싶었으나 한 번도 해본 적이 없는 일을 해보는 것이다.

새로 시작하는 이 한 주일도 거침없이 질주해보자!

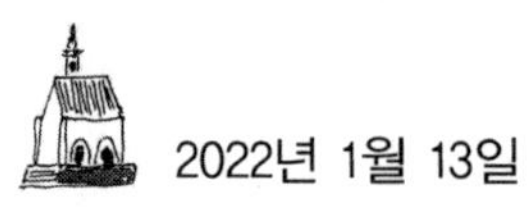

2022년 1월 13일

내가 가는 길이 다른 이들의 길이다

간밤에 내린 하얀 눈을 밟으며 이른 아침 한강을 걸었다.

하얀 눈밭에 발걸음 옮길 적마다 나의 길이 되었다.

매섭고 추운 날도 길을 힘차게 걸을 때만큼은 나는 추위를 잊어버린다.

나에게 가장 소중한 '바로 지금 이곳'의 이 시간을 무엇에도 얽히지 않고, 새털처럼 가벼운 마음으로 하얀 눈밭에 내 발걸음으로 나의 흔적을 새길 수 있어 감사하다.

똑바로 걷자.

내가 걷는 이 흔적들이 다른 사람의 길이 되니까.

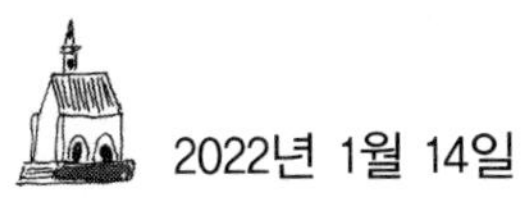

2022년 1월 14일

신이 존재하는 이유

지금부터 10여 년 전, 2012년 12월 22일 토요일.

내 '글쓰기 노트'에는 다음과 같은 그날의 짧은 단상이 메모되어 있었다.

"사람은 누구나 하루하루 바쁜 일상을 살면서 순간순간 갈림길에 서게 된다. 누군가는 용기가 있어 주저 없이 앞으로 나아가는 이도 있지만 대부분의 사람들은 시도도 해보지 못하고 머뭇거리거나 주저앉는다. 바로 그것은 보이지 않는 미래에 대한 불안함과 불확실 때문이다.

하지만 무소의 뿔처럼 거침없이 질주해야 후회하지 않는다.

앞날을 위해 뒷일은 잊어버려도 된다.

그때를 위해 신이 존재하기 때문이다."

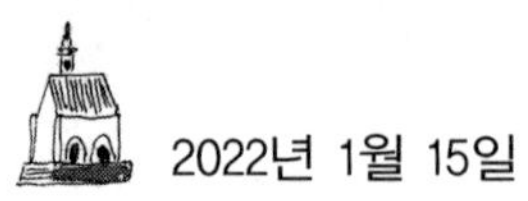

2022년 1월 15일

해와 별

동녘에 해가 떴다.
사람마다 밝은 해 하나씩 가졌으면 좋겠다.
어두운 밤에 수많은 별들이 빛났다.
사람마다 그 별 하나하나가 꿈이었으면 한다.
우리의 삶도 해와 별처럼 밝고 빛났으면 좋겠다.

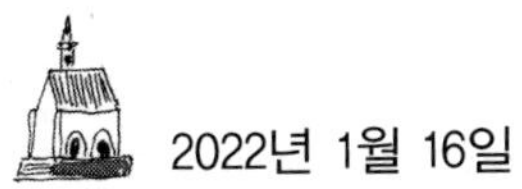

2022년 1월 16일

최고의 선물, 사랑과 관심

사람이 사람에게 해줄 수 있는 최고의 선물은 무엇일까?
나는 아내에게 넌지시 물었다
대답은 너무나 간결하고 간단했다.
"변함없는 사랑과 관심."
나도 그렇다.

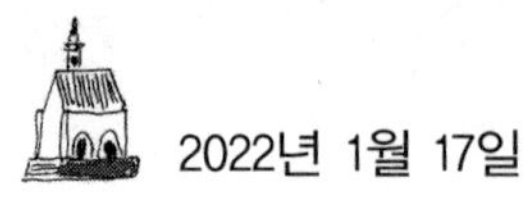
2022년 1월 17일

어른이 된다는 것은

어느 누군가의 말처럼 '사람은 천 번은 더 흔들려야 어른이 된다.'고 했다.

아니다.

어른이 되어서도 천 번은 더 흔들려야 어른다운 어른이 된다.

내가 그렇다.

흔들리면서도 내가 살아가는 이유는 지금까지 살아온 날들보다 앞으로 다가올 날들에 대한 희망찬 기대와 행복, 그리고 아직 어른으로서 이루지 못한 작은 꿈이 있기 때문이다.

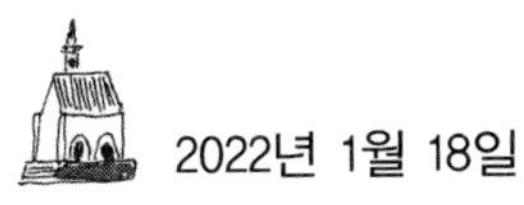 2022년 1월 18일

어머니 젖가슴처럼

간밤에 눈 쌓인 하얀 운동장을 한 바퀴 돌 때마다 손가락으로 세면서 걸었다.

처음엔 눈밭에 새겨진 발자국만으로도 셀 수 있었으나 열대여섯 바퀴 돌면서 그만 셈을 잊어버렸다.

한 바퀴 돌 때마다 셈을 하나 더하고 뺀들 내 인생에 무슨 도움이 되겠는가마는 예사롭지 않은 내 발자국을 하얀 눈밭에 그냥 그대로 오래도록 남겨두고 싶었다.

발걸음을 옮길 적마다 뽀드득 뽀드득 소리가 내 어머니 젖가슴처럼 포근하다.

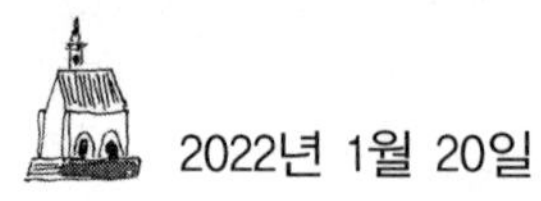
2022년 1월 20일

하늘의 뜻을 미리 알려고 하지마라

웃음 잃은 잿빛 하늘은 온종일 좁쌀만 한 싸락눈만 대지에 뿌렸다.

며칠째 내가 사는 하늘은 웃음을 잃어버렸다.

얼마나 더 구름을 굽고구워야 하늘은 깻잎만한 눈송이를 만들 수 있을까!

알 수 없는 하늘의 뜻을 미리 알려고 애쓰지 말자면서도 자꾸 하늘의 뜻을 묻는 내가 이상하다.

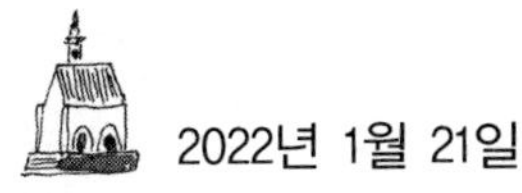

2022년 1월 21일

여행은 떠남이다

익숙한 일상생활을 잠시 접고 낯선 곳으로 떠나는 여행은 언제나 나에게는 기다림 반 설렘 반이다.

어데 가서 뭘 하고 누굴 만나고 무엇을 보겠다는 것보다는 익숙한 일상을 떠난다는 그것만으로도 기대되고 설렌다.

그래서 나에게 여행은 떠남이다.

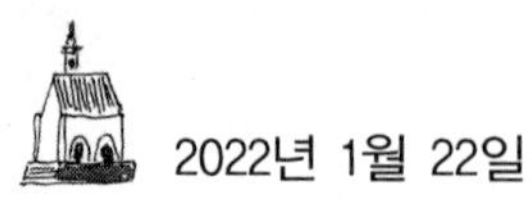

2022년 1월 22일

서귀포 칠십 리 앞바다

어제까지만 해도 서울은 온종일 거친 바람이 불어대고 눈발이 산발적으로 휘날렸는데 하룻밤 사이로 바다 건너 서귀포는 바람 한 점 없는 봄날처럼 포근하다. 제주도에서도 서귀포는 한라산의 남쪽과 칠 십리 넓은 바다와 얼굴을 맞대고 있어 육지와 달리 한겨울에도 봄날처럼 따뜻하고 청명하다.

제주에 도착하던 날부터 서귀포 칠십 리 바닷가 올레 6코스 소천지 주변을 아침과 해질녘에 아내와 걸었다. 수평선 바다를 붉게 물들이며 솟아오르는 해돋이와 하루의 일을 끝내고 서귀포 칠 십리 앞바다를 붉게 물들이며 지는 아름다운 해질녘 노을을 눈과 가슴에 가득가득 담았다. 참으로 경이롭고 신비로웠다. 내일 또 다시, 저 붉은 태양은 수평선 너머에서 검푸른 바다를 붉게 물들이며 다시 솟아오르리라 믿기에, 소천지 파도소리를 자장가 삼아 오늘밤은 달콤한 잠을 청해본다.

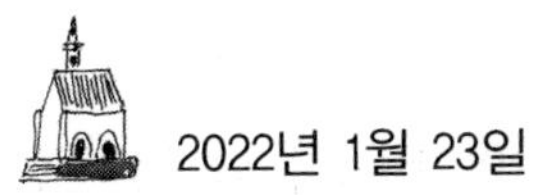

2022년 1월 23일

보말칼국수

서귀포 칼호텔 근방 정방폭포에서 소천지를 지나 쇠소깍까지 바닷가 해안도로로 이어진 올레길로 천천히 아주 느린 걸음으로 아내와 둘이서 도란도란 얘기하며 2시간을 걸었다

새해의 첫 달 1월의 끝을 부여잡은 서귀포 칠십 리 앞바다는 구름 한 점 없는 맑고 쾌청한 날씨에, 걸어가는 방향으로 등 뒤에서 밀어주는 남서풍까지 불어줘 올레길 걷기에 최적의 조건이었다. 보이지 않는 바람까지 걷는 길을 도와주니 오늘은 우리 부부에게 운 좋은 날이다.

걷다 쉬다 놀다 쇠소깍에 도착해 제주에서만 맛볼 수 있는 '보말칼국수'를 점심으로 맛있게 먹고, 올레길을 걷는 올레꾼들과 쇠소깍 검은 모래해변을 걸었다. 늦은 오후가 되자 바다는 잠에서 깨어난 듯했다. 오전에 걸었던 올레길을 다시 되돌아 소천지로 되돌아오는데 바람이 잠에서 깨어 잠자는 바다를 마구 흔들어댔다. 파도가 높고 거칠었다. 바다가 화가 난 것이다. 서귀포 앞바다의 성난 파도는 내가 소천지에 도착할 때까지 나를 따라 왔다.

제주는 하루에도 몇 번씩 얼굴을 바꾼다. 더구나 겨울바다는 한치 앞도 알 수 없을 만큼 변화무쌍하다. 그래서 이곳 사람들은 자연의 변화에 순응하고 사는가 싶다. 알 수 없는 것에 일상을 맡기며 살아간다는 것은 기적이다. 그래서 나에게 제주는 보고, 듣고, 경험하는 것마다 아름다움을 넘어 경이롭고 신비하다.

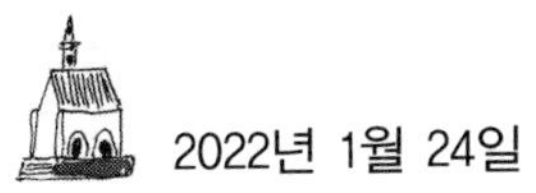

2022년 1월 24일

소천지 파도소리

파도소리에 아침잠에서 깨어났다.

백두산 천지를 닮았다는 소천지 갯바위에 부딪쳐 철석 철석 거리는 파도소리가 내가 잠자는 제주대학 연수원 객실 베갯머리까지 찾아와 나를 흔들어 깨웠다.

잠을 깨우는 것이 어디 파도소리뿐이었겠는가?

나무숲에서 새들의 지저귀는 소리 가을밤 창문을 두들기는 빗소리 바람에 문풍지 떠는 소리에도 잠에서 깨어나곤 했다.

하지만 오늘아침 나의 잠을 깨우던 소천지 파도소리는 한동안 잊히지 않을 것 같다.

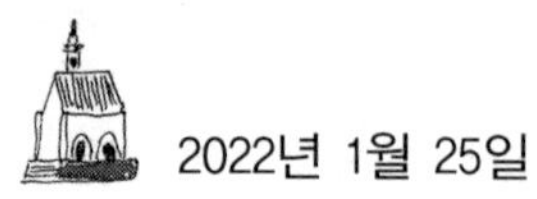

2022년 1월 25일

서귀포 법환마을에서

서귀포 앞바다는 아침부터 거친 바람과 함께 오락가락 겨울비까지 내려 잠시도 쉬지 않고 파도를 흔들어 댔다. 비가 멈추기를 숙소에서 아침 겸 이른 점심을 먹고 기다렸으나 멈추지 않아, 비바람 막아주는 비옷으로 중무장하고 빗길 속에 7코스 법환마을 바닷가 올레길을 걸었다. 비는 끊김 없이 주룩주룩 내렸다. 법환마을 바닷가는 우리 부부에게 너무나 익숙한 곳이다. 서귀포에 내려올 적마다 찾는 카페 '벙커하우스'에 들러 따뜻한 커피라떼를 마시며 오후 내내 수평선 회색바다에서 쉼 없이 밀려오는 하얀 파도를 바라보며 쉼과 멍 때리기로 시간을 보냈다.

거친 파도가 거침없이 달려오다가 바닷가 갯바위에 부딪쳐 산산이 부서져 우윳빛 거품으로 산화되어 흩어졌다. 얼마나 아프고 고달픈 운명인가! 어쩌다 파도라는 이름으로 태어난 저 거친 운명은 잠시 머무르는 순간도 허락되지 않았을까! 나의 바람이여! 나의 바다여!

확실히 비가 내리는 날은 바닷가 카페에 앉아 바다를 바라보는 것만으로도 쉼이고 힐링이고 충전이고 행복이다. 오늘 같은 또 다른 내일을 기대해 본다.

여행

여행을 떠나서도 익숙해질 만하면 다시 떠나는 것이 여행이다.

먹고 쉬고 잠자던 호텔과 맛집, 보고 걷고 느끼고 감동했던 길과 마을과 산과 바다의 풍경, 하루에도 몇 번씩 쉬어가기 위해 드나들었던 아름다운 카페, 여러 인연으로 만나고 헤어진 사람들이 다시 보고 싶고 만나고 싶은 것이 여행이다.

있어야할 곳에 그들이 있었기에 낯선 곳으로 떠나도 궁금하거나 두렵지 않았고, 함께하는 길동무 있어 상상할 수 없는 먼 곳까지 즐겁게 걸을 수 있었다. 또 한편, 염려하고 기다리며 기도해주는 이들이 있어 여행다운 여행을 할 수 있었으며, 다시 떠나왔던 곳으로 익숙하게 되돌아갈 수 있는 것이다.

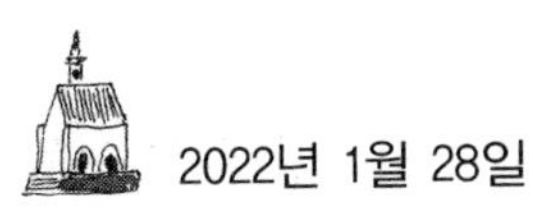

2022년 1월 28일

양재천을 걸으면

새해 첫 달 처음 양재천을 걸었다.

앙상한 나뭇가지만 남은 숲길 사이로 조심조심 걸으며 도란도란 얘기를 나누는 사람들, 얼음장 밑으로 졸졸졸 흐르는 시냇물 소리, 물가에 앉아 지저귀는 새들의 노랫소리로 양재천은 언제 찾아도 잠든 날이 없이, 걷는 이들에게 반가운 소리들로 환영한다. 동장군이 매서운 추위가 사는 얼음나라로 떠나갈 쯤엔, 이곳에는 머지않아 다시 따뜻한 봄이 아장아장 청계산을 넘어 시냇가에 비집고 올 것이다.

그때가 되면 양재천은 푸르른 나뭇잎과 화려한 꽃들과 풀꽃이 사람들과 벌과 나비를 유혹하기 위해 곳곳에 자신의 자리를 잡을 것이다. 숨 쉬는 생명으로 지구상에 태어나는 모든 것들은 반드시 성장하고 진화되고 퇴화하지만 결코 자연의 법칙인 생명의 순환을 벗어나지 않는다. 그래서 나는 사시사철 풍광이 변하고 벌과 나비가 잠시 동면하다 다시 찾아드는 양재천이 좋다. 양재천을 걸었던 오늘, 나는 양재천이 살아있음이 좋았고, 내가 그 길을 걸을 수 있음에 행복하다.

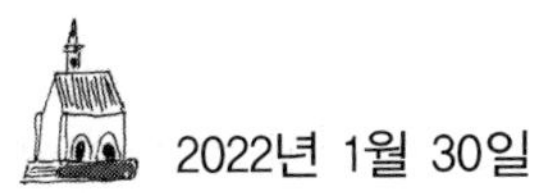 2022년 1월 30일

좋은 인연

아주 오래전 만남이라, 그와 나는 무슨 연유로 만나게 되었고 어떻게 가까워졌는지 뚜렷한 기억은 없지만 확실히 그는 한번 맺은 인연을 소중하게 여기는 사람이다. 그는 사람과의 인연을 아름답게 키우며 단단하게 만들어가는 요즘의 외모 지향적이고 이해타산적인 사람들에게서 볼 수 없는 좋은 인성과 품성을 가진 사람이다.

각자 다른 분야에서 사회생활로 바빴던 나와 그는 자주 만나던 관계도 아니고 어쩌다 모임에서 만나면 눈인사만 나누는 사람이었다. 그러던 중 그의 소소하고 소박한 일상을 그의 성품대로 정결하고 간결하게 써가는 그의 글을 읽고 나는 그에게서 인간적인 감명을 크게 받았다. 그때부터 그는 내 인생 2막을 열어가는 글쓰기에 큰 힘이 되고 용기가 되었다.

혹한의 바람에도 흔들리거나 꺾이지 않는 그의 정결한 심성과 올곧은 성품은 솜털 같은 바람에도 흔들리는 나에게 많은 경각심을 주어, 지금도 그 고마움을 마음 깊이 새겨놓고 있다. 방향을 표시해 놓은 나침판처럼 자신이 지키고 살아갈 삶의 이정표를 벗어나지 않도록, 삶의 들판에 남겨놓은 발자국이 지워지지 않도록 그는 나에게 질그릇에 담아내는 삶을 가르쳐 주었다.

 2022년 2월 1일

행복이란?

함께 있어 행복했다.
멋있고
맛있고
아름답고
즐거운 것도
함께하니 더 행복했다.
함께하는 것이 축복이다.

2022년 2월 3일

북한강 별서에서

어느 해 겨울이었다. 2월의 북한강은 꽤 춥다. 주말이나 쉬는 날이면 우리 가족이 보냈던 강변마을 북한강 별서는 산이 높고 골이 깊어 밤은 길고 아침은 늦게 온다. 겨울밤 어느 집에 손님이라도 찾아오면 온 동네 집집마다 개 짖는 소리에 잠들지 못한다. 그럴 때면 어디서 소식이라도 오지 않을까하며 핸드폰을 열어보곤 했다. 그러던 어느 겨울밤, 내가 오래전에 까맣게 잊고 있었던 한 친구가 내 핸드폰에 문자를 보내왔다. "친구야! 잘 지내고 있지? 한 번 보자. 시간되면 연락해라."라며 내 이름을 기억하고 있는 친구임을 바로 알 수 있었다. 문자를 받고 보니 고맙고 미안했다. "한 번 보자."고 안부를 묻는 그 친구의 안부가 나도 무척 궁금했다. 내 중심으로 살아가는 나의 이기적이고 이해타산적인 담장을 어서 빨리 허물어야겠다.

활활 타는 난로 옆 소파에 기대어 어둠이 깔린 마당 돌담과 밤하늘의 빛나는 별을 바라보며 지난날을 되돌아봤다. 너무 빠르게 스쳐 가버린 불꽃같은 시간이었다. 새가 털갈이를 하고 곤충이 변태를 하는 것처럼 변하자. 이제라도 내면을 단단하게 채우면서도 함께했던 이들의 주위를 돌아보고 살피는 따뜻한 사람이 되자.

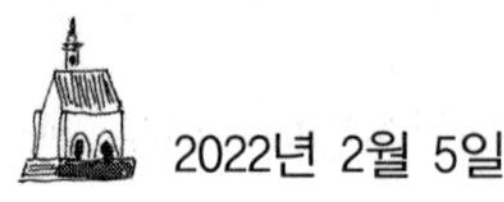
2022년 2월 5일

나에게 소중한 사람은?

나에게 소중한 사람은 특별한 능력을 가졌거나 대단한 재력을 가진 사람이 아니다.

평범하지만 한결같고 편하지만 넘치거나 부족함이 없는 그런 사람이다.

함께 밥을 먹고,

소식을 주고받고,

어쩌다 만나면 차 한 잔을 나누며,

소소한 일상을 웃으며 얘기할 수 있는 그런 사람이 진정 나에게 소중한 사람이다.

2022년 2월 7일

명절이면 어김없이 고모님이 생각난다

명절이면 어김없이 나와 아내는 고모님을 찾아뵈었다. 하지만 2년이나 코로나 펜데믹으로 찾아뵙지 못했다. 두 분이 해로하시다 몇 해 전에 고모부를 하늘나라에 먼저 보내시고 이젠 사진액자 속의 고모부를 보면서 옛날에 좋았던 일, 속상했던 일, 여러 자식들 살아가는 이런저런 얘기를 나눈다고 하신다. 학창 시절 방학 때면 찾아가 머물던 곳. 결혼하고는 나와 아내는 추석 설 명절엔 거르지 않고 인사차 찾아뵈었지만 변함없이 반갑게 반겨주시던 고모님. 그 곱고 아름답던 젊은 날의 모습은 어디 가고 허리 굽어지고 주름진 얼굴에 백발의 할머니시다. 내 아버지의 형제자매들은 모두 하늘나라에 가시고 유일하게 아버지 여동생인 고모님이 생존해 계심에 내 핏줄을 확인할 수 있어 고맙고 감사하다. 인사차 찾아뵐 때면 만나서 반갑고 정겨웠으나, 헤어질 때면 너무나 아쉬워 "더 놀다 가거라!"는 고모님 말씀에 문지방을 나서야하는 것이 왠지 미음에 걸려 발걸음이 떨어지지 않는다.

"건강하세요! 또 올게요."라는 긴 말을 남기며 고모님을 한참동안 안아드리면, 고모님은 두 눈에 눈물이 고이고 주름진 뺨으로 구슬 같은 눈물을 흘리신다. "또 꼭 와라"는 말씀을 하시며 우리가 보이지 않을 때까지 아파트 복도에 서서 "잘 가라"라고 손을 흔드시는 모습이 명절 때만 되면 눈에 선하다.

2022년 2월 9일

반지 끼워주던 날

오늘은 좋은 날, 우리가 결혼한 날입니다.

37년 전 오늘은 마음 설레고 가슴 뛰었던 날입니다.

행복했습니다. 비바람 불고 눈비 내리는 날보다 햇살 가득하고 쾌청한 날들이 많았습니다.

그날로부터 지금까지의 시간은 행복이었고 꿈을 꾸는 시간이었습니다. 당신과 함께하는 하루하루는 축복이었습니다.

이제 우리를 닮은 아이들이 우리를 닮아 사랑을 더 가까이 두고 싶어 결혼을 준비하고 있습니다. 이 아이들도 우리처럼 자신들의 꿈을 위해 살아갈 것입니다. 그것이 사랑이고 행복이었으면 합니다. 이제는 건강하고 행복하게 사는 것이 아이들에게 주는 선물이고 행복입니다.

나의 별 스텔라! 사랑합니다.

주님이 부르는 그날까지 사랑으로 물들이겠습니다.

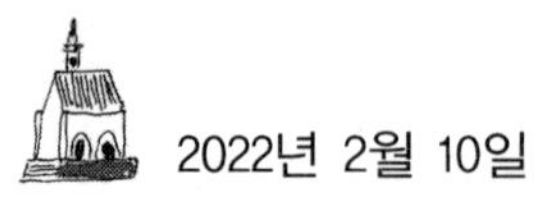
2022년 2월 10일

지치도록 행복하게 걸으면

아침 일찍 한강을 여느 때보다 빠른 걸음으로 걸었다.

반짝 추위에 날카로운 바람까지 불어 체감 온도는 영하 10도를 넘나들었다.

온몸에 땀이 젖을 만큼 매서운 바람을 비비며 걷고 나면, 겨울에서 봄이 깨어나듯 고슴도치처럼 웅크리고 잠들었던 몸이 깨어나 마음도 가볍고 상쾌하다.

어수선하고 헝클어진 마음을 다잡고 싶을 때는 몸을 먼저 깨우는 것이 나에게는 가장 좋은 보약이고 명약이다.

지치도록 행복하게 걷고 나면 몸은 고달프지만 헝클어진 마음은 지친만큼 더 간결해지고 명확해진다.

2022년 2월 11일

세상과 시대를 바꾸는 사람

조금은 더디고 힘들고 멀어도
오랜 세월 힘과 열정을 다해
꿋꿋이 자신만의 길을 가는 사람이 있다.
이런 사람만이 세상을 바꾸고 시대를 바꾼다.

 2022년 2월 12일

단상

오늘 내게 있었던 소소한 일상을 잠들기 전에 몇 마디의 단상으로 쓰려고 했지만, 머리말만 맴돌 뿐 핵심을 잡지 못해 몇 줄의 문장을 몇 번이나 쓰고 지웠다.

날씨마저 아침나절에는 햇볕이 먹구름과 숨바꼭질하는가 싶더니, 점심때는 눈비 내리고, 늦은 오후부터는 다시 따스한 햇살이 거실 깊숙이 파고드는 변덕스런 하루였다. 어쩜 오늘도 나에게는 너무나 소박하고 평범한 날이었지만, 이 평범하고 소박한 것들마저 오래도록 기억하고 싶어 짧은 몇 줄의 글로 간결하게 기록으로 남겨놓고 싶은데, 숨겨둔 글재주가 없어 글의 두서가 없고 정리가 되지 않는다.

행복한 고민과 즐거운 고통을 통해서만 좋은 글 아름다운 글이 탄생하는 것은 아닐 것이다. 강물이 산야를 굽이굽이 돌아 마침내 바다로 흘러가듯 하루의 일상을 아주 편하게 친구와 대화하듯 쉽고 자연스럽게 말하는 것처럼 쓰는 것이 잘 쓰는 글이요 좋은 글일 것이며, 짧게 핵심만 간단하게 쓰는 것이 단상이 아닐까한다. 하지만 요즘 따라 나의 글쓰기가 고뇌와 고통으로 나를 데운다.

6.

얼음기둥이 되어

2022년 2월 14일

기다림

기다림은 아름답고도 행복한 고통이다.

어쩌면 우리는 기다림 속에서 하루하루 사는지도 모른다.

만약 기다림이 없다면 무슨 맛으로 그렇고 그런 나날들을 살아낼 수 있겠는가!

오늘도 기다릴 수 있어서 행복한 고민을 해본다.

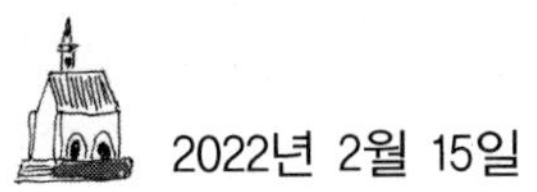

2022년 2월 15일

어달항에서

수평선 검푸른 동해바다가 다시 보고 싶어 주말에 묵호등대 전망대가 바라보이는 작은 항구 어달항에서 하루를 보냈다. 이른 아침 서울에서 출발해 영동고속도로를 달리다 진부IC에서 빠져나와 오대산을 넘어 주문진 연곡의 단골 맛집 '꾹저구탕'을 늦은 점심으로 맛있게 먹고 사천해변 해송길을 아내와 걸었다. 강릉 사천항 단골횟집에서 세코시회 한 접시를 떠와 어달항에서 한밤에 파도소리 반주삼아 세코시회에 소주를 마셨다. 평소엔 소주 서너 잔이면 취하는데 잠시도 쉬지 않고 철석 철석거리는 파도소리가 나를 취하지 못하도록 흔들어댔다. 잠자리에 들어서도 밤새도록 갯바위에 부서지는 거친 파도소리에 깊은 잠을 이룰 수 없었다. 새벽에 일찍 깨어 커튼을 열어젖히고 우유빛깔로 산산이 부서지는 하얀 파도를 바라보며 수평선 멀리 바다에서 떠오르는 아침 해돋이를 기다렸다.

'간밤에 영동지방과 먼 동해바다는 눈이 내린다.'는 TV기상 예보와 달리 바다는 바람 한 점 없이 고요하고 푸르렀다. 여행 중에 운이 좋아야 볼 수 있다는 동해의 해돋이를 볼 수 있어 기뻤다. 파란 하늘과 맞닿은 검푸른 수평선, 바다를 붉게 물들이며 떠오르는 해돋이는 너무나 장엄하고 신비로웠다. 아침이면 어김없이 뜨는 태양이지만 우리 부부에게는 특별한 날이었다. 좋은 일이 있을 것만 같다. 오늘은 확실히 웃을 일만 있을 것 같다.

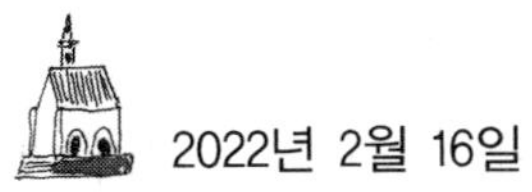

2022년 2월 16일

묵호등대

동해바다와 묵호 시내를 한눈에 내려다볼 수 있도록 묵호 뒷산 정상에 세워진 '묵호등대 전망대'에 올랐다. 수평선 바다와 묵호등대를 보기 위해 많은 사람들로 등대 주변은 매우 혼잡했다. 등대 주변에는 아주 옛적부터 어부들이 바다를 삶의 터전으로 삼고, 터를 잡고 살았던 올망졸망한 작고 오래된 주택들을 개조한 재밌고 아름다운 카페가 있다. 나는 그곳에서 수평선 푸른 바다와 하얀 파도, 하늘을 나는 갈매기를 바라보며 오후 한나절을 멍 때리기로 보냈다.

등대는 위험하고 캄캄한 밤바다를 항해하는 배들의 길잡이하는 이정표로, 우리 사람들이 길거리를 걷거나 차를 운전할 때 생명을 지켜주는 신호등과 같은 소중한 존재다. 배는 항구를 들고날 때 우리 사람들이 우측통행 하듯 빨강등대 방향으로 항구에 들어가고 하얀 등대 방향으로 바다를 향해 출항한다.

위험한 항로의 길목에 있는 섬이나 배가 드나드는 항구나 방파제에, 눈보라치고 비바람 불어도 어두컴컴한 밤바다를 지키며 위험을 알려주고, 배가 가야할 방향을 가리켜주는 등대처럼, 이 세상을 살아가는 사람들마다 힘들고 고단한 누군가에게 위로와 용기를 주는 희망의 등대 하나쯤 되었으면 좋겠다.

2022년 2월 17일

파도 우는 소리

동해바다 어달항은 거친 바람이 종일 불었다.

무질서하게 휘날리는 싸락눈과 갈매기 울음소리, 성난 파도 우는 소리가 동해바다를 꽉 메웠다.

산 언덕배기 묵호등대의 작은 카페까지 파도 우는소리는 밀려들었다.

아무렇게나 기대어 앉아 있을 수가 없었다.

어두운 밤에도 울대를 치켜세우고 파도 우는소리는 잠들지 못한 내 베갯머리까지 파고들었다.

무슨 사연이 있어 파도는 잠시도 잠들지 못하고 밤새도록 울어대는 것일까?

이대로는 그냥 잠을 이룰 수가 없었다.

한동안 나는 밤새우는 어달항의 파도소리를 잊지 못할 것 같다.

2022년 2월 18일

얼음기둥이 되어

'하룻강아지 범 무서운 줄 모른다.'고 했는데 내가 그렇다.

어젯밤 잠들기 전에 "내일 아침은 매우 춥다고 하니 하루쯤 아침운동 나가지 마세요."라는 아내의 말에도 아랑곳하지 않고 평상복 차림으로 한강에 아침운동 나갔다가 반짝 추위에 온몸이 얼음기둥이 되어 사시나무 떨듯 떨었다.

한강에서 불어대는 아침 칼바람이 정말 매서웠다.

한겨울 지나고 봄이 다가올 무렵, 잊을 만하면 잊지 않고 사나흘씩 찾아오는 반짝 추위는 혹한의 한겨울보다 더 매섭고 날카롭다.

오늘 아침 한강 바람이 그랬다.

반짝 추위가 나에게 가르침을 주었다.

자연, 세상, 사람은 어느 누구나 좋아하고 사랑할 수 있지만, 함부로 다가가면 위험! 위험하다는 것을!

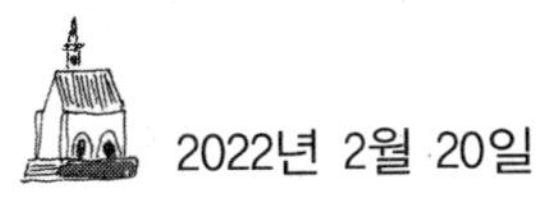

2022년 2월 20일

상견례

우리 부부는 사돈이 될 둘째아들의 장인 장모님과 양가부모로서 처음 상견례를 가졌다. 두 내외분은 첫인상이 인자하시고 편안하셨다. 내외분이 말씀도 별로 없으시고 천천히 조용조용 말씀하셨다.

부지런함과 근검절약으로 두 분은 1남 2녀의 자녀들을 가르치고 교육시켜 사회에서 각자의 역할을 하며 살아갈 수 있도록 평생을 열심히 사신 분들이었다. 우리 가족에게는 둘째아들로 인해 새롭게 한 가정이 또 생긴다. 참으로 감사하고 행복한 일이다. 축복 받을 일이다.

젊고 아름다운 남녀가 좋은 인연으로 만나 소중하게 키운 사랑을 단단한 열매로 맺는 결혼은 두 당사자뿐 아니라 두 가정에도 축복 중에 축복이다.

아들! 소중하고 좋은 일일수록 서둘지 말고 신중하게 하나하나 준비해 가면 반드시 좋은 결실을 맺게 된다. 꿈을 키우는 공부도, 먹고 사는 삶을 우려내는 직업도, 사랑과 행복을 키우고 만들어가는 결혼도 그렇다.

한 사람의 인생에서 가장 소중하고 중요한 것은 사랑하는 사람을 만나 결혼하는 것이다. 결혼은 평생을 서로 의지하며 사랑하고 응원하며 아름답고 든든한 울타리가 되는 것이다. 그래서 인생에서 결혼은 한 사람의 마지막 선택이다.

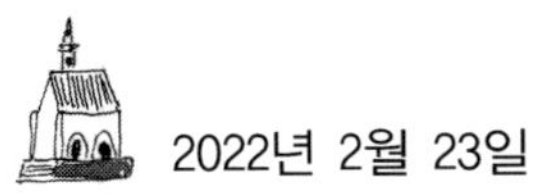
2022년 2월 23일

따뜻한 둥지에만 머물지 마라

반짝 추위가 반짝하고 왔다가 봄을 피해 빗겨가고, 봄날이 오는가 싶더니 다시 매서운 추위다. 봄으로 가는 길목에 잊을 만하면 나타나는 꽃샘추위는 새들이 제 둥지를 드나들듯 봄을 드나든다. 계절 따라 어김없이 변하는 풍경처럼 우리 인생도 전환의 연속이다.

새가 털갈이를 하고 곤충이 변태를 하는 것처럼 우리 인간의 삶도 그렇다. 사람의 삶도 때가 되면 익숙함에서 벗어나 새로운 세상으로 나아가야 한다. 더 크고 넓은 세상을 만나기 위해 따뜻한 둥지에만 머물지 말고 떠나야 한다.

나는 새롭고 흥미로운 세상과 만나기 위해 익숙한 일상을 접고 삶에 생기를 불어 넣기 위해 낯선 곳으로 여행을 떠난다. 여행은 삶에 생기를 넣어주고 일상을 새롭게 일궈주는 힘이 있기 때문이다.

2022년 2월 24일

자신만의 길

어느 누가 보아주거나 알아주지 않아도 꿋꿋이 자신만의 길을 걷는 사람을 보면 나에게도 용기와 힘이 솟는다.

어느 누구나 사람은 마땅히 의미 있고 가치 있는 일을 해야 하며 또한 멋지고 행복하게 살아가야할 권리와 책임이 있다.

아무도 하지 않는 일, 어느 누구도 가지 않는 길을 기꺼이 가는 사람들이 있기에, 우리가 사는 세상은 어제보다 오늘이 더 살기 좋은 세상이 되었다.

오늘도 그들이 있기에 나의 길을 웃으며 걸어갈 수 있는 것이다.

2022년 2월 26일

멀리 보면 길이 보인다

아들! 오늘 민정이랑 결혼준비 위해 분주히 이곳저곳을 찾아다녔겠구나. 몸은 힘들고 고단하겠지만 마음만은 즐겁고 행복했으리라 생각한다.

엄마 아버지도 젊은 날 너희들처럼 결혼 준비하면서 시간이 부족해 회사 퇴근한 후 밤늦게까지 이곳저곳을 찾아다녔다.

세월이 많이 지나 이제 뒤돌아보니 피곤하고 힘들어도 그때가 가장 신났고 즐겁고 행복한 시간이었다.

민정이랑 많이 대화하고 좀 더 멀리 인생을 바라보며 서로의 마음을 나누다보면 가장 좋은 길이 보일 것이다. 차근차근 서둘지 말고 준비해가는 현명이 민정이가 되었으면 한다.

집을 떠나 멀리 여행 중에 있는 엄마 아버지가 마음을 보낸다.

저녁을 집밥처럼 먹으려면 집 근처 강강술래에서 '영양돌솥밥'을 먹으면 괜찮다. 금액도 착하다.

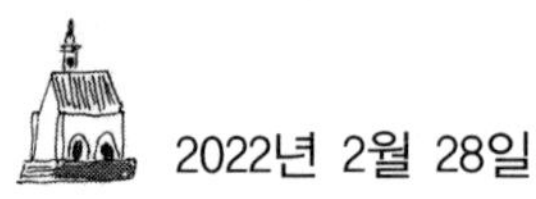

2022년 2월 28일

아름다운 사람은 어디에 있어도 아름답다

한 해의 새봄 새학기가 되면 학교는 졸업과 입학하는 학생들뿐만 아니라 새로 발령받아 오가는 교사들로 어수선하지만 질서 있는 생기가 돈다. 학생도 교사도 더 크고 아름다운 희망과 꿈을 키우기 위해 새로운 교정에서 새로운 마음가짐과 다짐으로 출발선에 서는 것이다. 그래서일까? 교정은 기대와 설렘과 희망으로 들뜨고 힘차지만, 한편으론 오랜 시간동안 특별히 정들었던 학생이나 가깝게 정감을 나눴던 선생님이 떠난 빈자리는 남아 있는 사람에게는 공허하다.

아름다운 사람은 어디에 머물다 떠나도 그가 남긴 자리는 아름다운 게 사람의 흔적이다. 이 아름다운 배움의 공간에서 인연이 되어 아이들에게 꿈을 키워주기 위해 5년을 함께하다 많은 교사들이 해마다 새로운 임지로 떠나지만, 올해는 특별히 나에게 잊지 못할 기억들을 많이 새겨준 선생님이 다른 임지로 떠났다.

밝고 선한 인상을 지닌 선생님은 한결 같이 환한 미소로 누구에게나 인사를 건넸고, 아이들에게는 좋은 선생님으로 교직원들에게는 친절하고 예의바른 동료였다. 참 아름답고 다정다감한 선생님이었다. 짧지 않은 시간을 함께했던 한 사람의 아름다운 모습을 나는 오래오래 잊지 않고 기억하고 싶다.

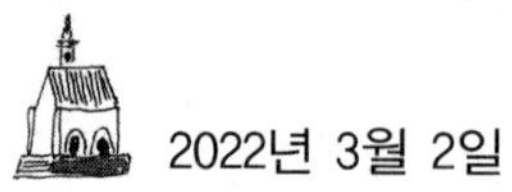
2022년 3월 2일

인연은 묘하다

인연은 묘하다.

잊고 싶다고 해서 잊히지 않는 것처럼 인연은 끈질긴 생명력을 가졌다.

세월이 흐르고 흐르면 바위에 새겨진 글씨가 비바람에 문드러지듯 인연도 그렇게 지워지리라 나는 믿었다.

하지만 잊고 싶다고 해서 억지로 잊히지 않는 것이 인연이다.

2022년 3월 5일

봄이 오는 길목, 튤립

마당 화단에 노란 튤립이다! 여리디 여린 튤립이 혹한의 겨울을 이겨내고 꽁꽁 언 대지를 밀치고 나오는 그 놀라운 생명력에 놀랐다. 작년 봄에 피고 진 튤립 구근을 캐어 여름가을 내내 양파자루에 매달아 놓았다가 작년 12월 초에 얼었던 땅을 헤집고 화단에 무더기로 촘촘히 심었다. 심을 때만해도 '추운 겨울을 어떻게 잘 견디고 살아날 수 있을까?' 하는 염려 반 걱정 반이었다. 하지만 봄이 되면, 화사하게 필 튤립을 볼 수 있을 거라는 그 기대와 설렘으로 구근을 심자마자 감나무낙엽을 쓸어 모아, 이불삼아 수북이 덮어 주었다. 오늘 아침에 감나무낙엽을 걷어 보았더니 여린 튤립 싹이 어린아이 손가락 한 마디만큼 노랗게 돋아나지 않았는가! 놀랐다.

작고 여린 생명들의 어김없는 순환과 순응 그리고 끈질긴 생명력, 다시 새 생명으로 태어나기 위해 싹이 나고 움이 트고 있지 않은가! 계절이 변하면 생명에 잎이 나고 꽃이 피고 열매를 맺는 것이 신비롭고 경이롭지 않은가! 돌단풍도 발그레 싹이 머물고, 나뭇가지마다 새들이 여기저기서 봄 인사 하느라 지저귀는 소리도 참 정겹다. 분명 봄이 오고 있다.

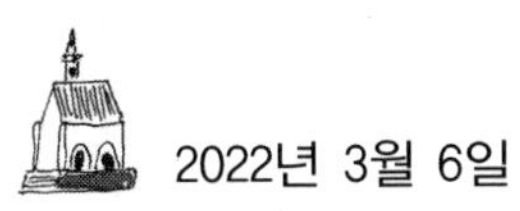

2022년 3월 6일

지금은 한 잔의 여유가 필요해

따뜻한 커피를 한 손에 들고 마시다가 무심코 종이컵에 새겨진 한 줄의 글귀가 확 눈에 띄었다.

'지금은 한 잔의 여유가 필요해.'

그렇다.

누굴 위해 뭐 때문에 바빠서 여유가 없다는 것은 핑계에 불과하다.

따스하고 고소한 커피의 진한 향을 제대로 느끼지 못하고 숭늉 마시듯 마시는 것은 '빨리 빨리'에 길들어진 습관과 여유 있는 마음의 공간이 부족해서다.

행복한 사람은 어디에 누구와 있어도 행복하듯, 지금 한 잔의 여유는 그 사람의 마음 자세에 달려있다.

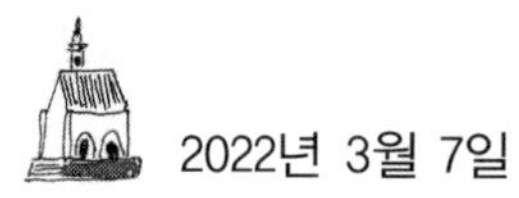 2022년 3월 7일

산불

화마가 스치고 지나간 산등성과 골짜기마다 남긴 검은 자국들은 땀과 시간과 꿈마저 검게 타버린 흔적들이다. 화마에 검게 불타고 연기에 그을린 소나무 한 그루 한 그루, 오손도손 일가친척 형제가족들이 모여 살던 산모퉁이 토담집 한 집 한 집, 오랜 세월 눈 비바람 견디고 살아온 이 산야는 온몸으로 지켜온 우리들의 삶터이고 보금자리가 아니던가.

봄가뭄으로 울진, 삼척, 옥계의 산야가 며칠째 화마로 검게 타들어가고 있다.

어두운 밤도 대낮처럼 환하게 불타는 우리의 산야의 나무숲과 삶터에 내가 마시는 물 한 모금, 내 눈물 한 방울, 풀잎에 내리는 이슬 한 방울이라도 화마와 싸우는 그곳에 보태고 싶다. 어서 빨리 불길이 진화되었으면 좋겠다.

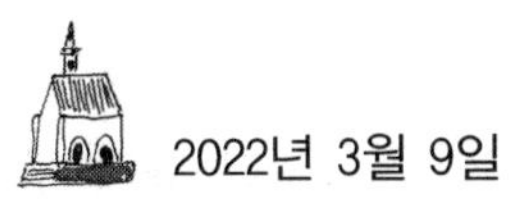
2022년 3월 9일

장 담그는 날

엊그제 햇살 가득한 날, 20대 대통령선거가 있었던 그날 나와 아내는 장을 담갔다. 해마다 2월이면 장을 담그는데 '올해는 패스'인가 했는데, 아내는 잊어버리지 않고 올해도 담그겠단다. 2층 옥상에 있는 된장항아리를 열어봤더니 햇볕에 달궈진 항아리 안의 된장이 말라 포슬포슬했다. 장도 햇빛에 쫄고쫄아 장소금만 반짝 반짝 빛났다. 아내가 물에 불린 콩을 솥에 삶아 믹서기로 가는 것도, 메주와 섞는 것도, 수년 동안 간수를 빼 다이아몬드처럼 반짝이는 소금을 1층 창고에서 옥상에 들어 올리고 섞는 것도 내 몫이었다. 힘쓰는 것은 남자인 내 몫이 되었다.

3, 4년 전에만 해도 보스턴으로 공부하려 간 큰아들이, 그 뒤로 얼마 전까지는 작은아들이 자기 엄마를 도와주었는데 직장 따라 떠나고, 이제는 우리 부부 둘만 집에 남아 어찌할 수

없이 힘쓰는 일은 내 몫이 되었다. 어릴 적 장 담그던 때의 부모님의 모습이 어렴풋이 기억난다. 어머니가 장독대에서 힘들게 장 담글 때면 어머니 옆에서 어설프게 끙끙거리며 돕던 아버지의 모습이 기억에 떠올라 혼자 웃곤 했다. 이제 나도 영락없이 그때의 내 아버지의 어설픈 모습을 꼭 닮았는가 보다. 하늘에서 둘째아들의 어설픈 모습을 보고 내 부모님도 웃고 계실까싶다.

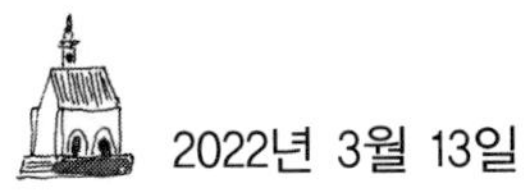

2022년 3월 13일

봄비는 축복이다

간밤에 비가 내렸다.

겨울에 이어 봄가뭄으로 메말랐던 산야가 간밤에 촉촉이 내린 비로 타들어가던 목마름이 어지간히 해갈되었을 성싶다.

봄으로 가는 길목에는 드문드문 축복이 있다. 바로 '비'다.

이 봄비가 지나가면 산야에는 겨우내 잠들었던 들풀과 풀꽃이 침묵을 깨고 꽁꽁 얼었던 대지에서 깨어나 새싹을 틔운다.

나뭇가지마다 다시 새 날개를 달고, 작은 몸 하나 지탱하기 힘들어 웅크리고 있던 생명들도 새로운 삶을 시작한다. 내가 자주 찾던 북한강 별서 돌담 양지바른 곳에도 난초와 개나리가 머지않아 꽃망울을 터뜨릴 준비를 할 것이다.

봄비 한 방울 한 방울에 봄날은 한 발짝 더 가까워진다. 빗방울 하나 더 대지에 머물 적마다 봄은 더 화사하게 꿈틀거린다.

봄비는 축복이다.

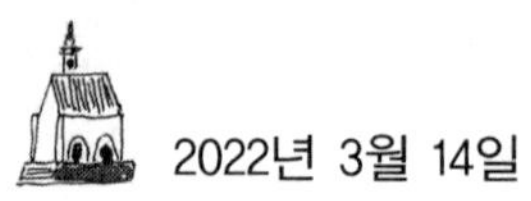

2022년 3월 14일

인간과 자연은 닮았다

꽃피는 봄이다.

하지만 우리가 사는 산과 들은 지난겨울에 이어 봄까지 눈비가 내리지 않아 메마르고 가물어 봄이 늦어지고 있지만, 머지않아 분명 봄은 가까이 다가오고 있다. 겨울은 저만치 물러갔다하지만 꽃샘추위로 봄꽃들이 산 넘고 강 건너 아장아장 걸어오느라 늦어지고 있다. 사시사철 365일 날마다 눈비 내리지 않고 햇볕 가득하고 맑은 날씨만 계속 된다면, 우리가 사는 지구는 언젠가는 황량한 사막이 되고 말 것이다. 하지만 때때로 눈비 내리고 혹한의 추위와 홍수도 지나가야 병충해도 사라지고 비옥한 대지가 되는 것처럼, 우리가 사는 대지는 절기 따라 변화하고 환경에 적응해야 생명의 순환이 되고 강해진다.

어느 시대 어느 곳에서나 인간은 어떤 모진 환경과 역경도 이겨내고 극복하며 때로는 순응하며 살았다. 우리가 사는 세상은 어느 한순간도 바람 한 점 없는 평온한 그런 곳이 아니다. 바람의 언덕에 세워진 풍차처럼 변화무쌍한 바람에 돌고 돌 수 있어야 한다. 누군가가 호기심과 열정으로 하루하루 평범한 일상을 강하게 보듬었기에 찰나의 순간에 튕겼다 사라지는 부싯돌 불씨 하나로도 희망의 횃불로 세상을 밝게 만들었다. 인간과 자연은 닮았다. 이제 꽃은 더 아름다워지고 열매는 더 탐스럽게 키워야 하는 따뜻한 봄날이 오고 있다.

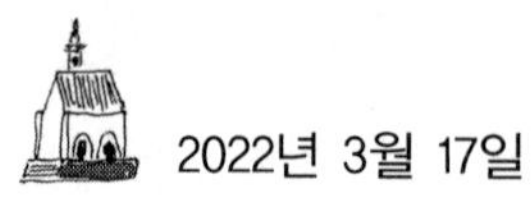

2022년 3월 17일

세월

등 떠밀지 않아도 시간은 성큼성큼 나를 지나간다.

하루하루가 그렇고 한 달 한 달, 한 해 한 해가 주마등처럼 지나간다.

무엇에 그리 쫓고 쫓기며 이리도 바쁘게 살아왔을까!

매서운 혹한 견뎌내고 활짝 핀 홍매화가 나를 보고 빙그레 웃는다.

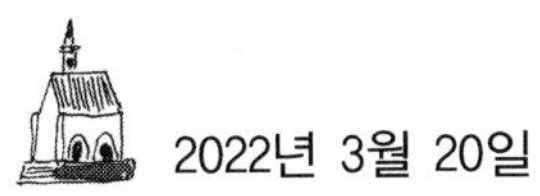

2022년 3월 20일

관심 배려 경청

한 울타리 안에서 살아가는 사람들이라면, 그 안에 사는 사람들의 관심에 조금만 마음을 기울이면 그들이 하고 싶어 하는 말을 들을 수 있다. 바로 그 시그널은 사람이 사람에게서 느끼고 생각하고 대화하는 데서 출발하지만 무엇보다 따뜻한 관심과 배려와 경청하는 마음이 있어야만 가능하다.

한 공동체에서 함께하는 사람들의 소리를 들으려는 것은 내 마음과 생각을 내려놓고 그들의 생각과 마음과 관심을 경청하는 것이다. 관심과 배려와 경청은 내가 바라고 원하는 대로 채워가는 것이 아니라 나와 다른 이들의 마음과 생각과 관심을 나의 마음과 생각으로 녹여내는 과정인 것이다.

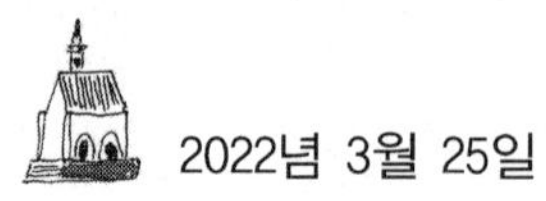

2022년 3월 25일

꽃샘추위(1)

꽃샘추위다.

삼월 들어 따뜻한 날씨가 계속되어 하루가 다르게 무르익어 가는 봄인가 싶더니, 갑자기 간밤에 비 내리고 바람 불어 꽃샘추위로 돌아섰다.

겨우내 거실에 두었던 화초를 봄기운 받도록 서둘러 화단에 옮겨 심은 꽃들이 갑자기 찾아든 꽃샘추위로 사시나무 떨 듯 떨고 있을 걸 생각하니 은근히 걱정이다.

마음 성급한 주인 잘못 만난 꽃들이 아파하는 주인 원망할까 마음 더 아리다.

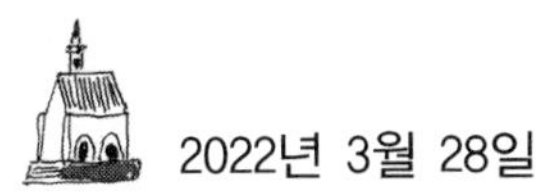

2022년 3월 28일

꽃샘추위(2)

반짝 추위가 며칠째 빗장을 질러댄다.

여간 아니다.

계절을 잊어버린 동장군이 마음마저 꽁꽁 얼어붙게 만든다.

이러다가 겨울로 되돌아간 봄이 영영 다시 오지 않을까싶다.

하지만 담장 아래 양지바른 곳에는 이름 모를 꽃과 풀들이 겨우내 굳은 대지를 밀치고 새털처럼 움을 내밀지 않는가!

더디고 느리지만 햇살 머금은 봄날이 반드시 오리라 알기에 조급한 마음 내려놓고 희망을 걸어본다.

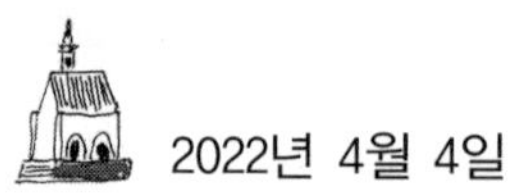 2022년 4월 4일

남산둘레길를 걷다

결혼을 앞둔 아들내외와 예식양복을 맞추고 집으로 돌아가는 길에 청담동성당에 들러 새로운 가정 탄생에 주님께 감사드리고, 집 근처 음식점 '강강술래'에서 점심을 같이했다. 오후에는 우리 부부도 아들내외도 특별한 약속이 없고 날씨도 쾌청해 모처럼 가족이 함께 걷기 위해 택시로 남산 국립극장 앞에 도착해 넷이서 남산둘레길을 걸었다. 남산은 아직 벚꽃이 만발하기 직전으로 따스한 봄날을 즐기며 걷는 상춘객들로 붐볐다. 구시가지가 보이는 잘 정돈된 북쪽 둘레길 곳곳에는 봄꽃인 튤립과 수선화는 한창이었다. 우리 가족이 될 예비 며늘아기 민정이와는 처음 남산길을 걸었다. 새롭다. 그리고 싱그럽고 상큼하다. 이제 민정이가 우리 가족이 되어 가는 것을 표정으로 마음으로 느낀다. 자주 만나 마음과 생각과 생활을 함께 나누다보면 한 가족으로서 이해와 사랑도 넓어지고 더 단단하게 깊어갈 것이다. 좋은 생각, 아름다운 사랑이 머문 곳에는 아름다운 일만 있을 수밖에 없다는 진리를 나는 믿는다. 가족이란 그렇게 만들어지고 탄생하는 것이다.

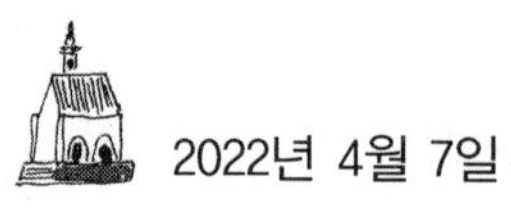
2022년 4월 7일

목련

조석으로는 제법 쌀쌀하나 한낮이 며칠 따뜻한가싶더니 봄의 기운을 받은 목련이 먼저 꽃소식을 전한다. 청담동성당 오가는 청담공원 아파트단지 골목길에 목련 한 그루가 일 년 만에 매서운 혹한을 이겨내고, 드디어 봄날을 맞아 꽃망울을 하얗게 터트렸다. 속살을 겹겹이 감추고 하얀 면사포를 쓴 신부의 눈부신 얼굴처럼 서로의 얼굴을 바라보며 웃고 있다.

지난 겨우내 잎파랑이 하나 걸치지 않고 추위와 눈바람 이겨내고, 봄날의 꽃바람과 따뜻한 햇살을 먹고 꽃을 피어낸 숨겨진 목련의 생명력이 경이롭다. 한겨울 잠든 나무처럼 숨도 쉬지 않던 목련은 잎을 띄우기 전에 꽃을 먼저 피우는 것이 다른 꽃나무와 다르다. 이른 봄날에 피는 하얀 목련은 속이 깊어 더 아름답다. 그래서일까? 자연을 드러낼수록 아름답고 인간은 감출수록 신비롭다.

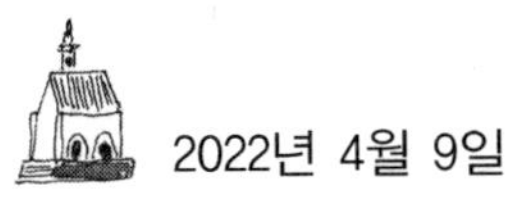 2022년 4월 9일

꽃비

꽃비가 내리는 4월의 주말아침이다.

만개한 양재천 벚꽃이 꽃비가 되어 양탄자숲길을 수놓았다.

봄이 가는 길목에는 뜻밖의 것들이 우리를 놀라게 한다.

오늘 때 아닌 꽃비는 나를 놀라게 했지만 길바닥에 낙하한 슬픈 벚꽃은 아무렇지도 않는 듯 나를 보며 넙죽넙죽 웃는다.

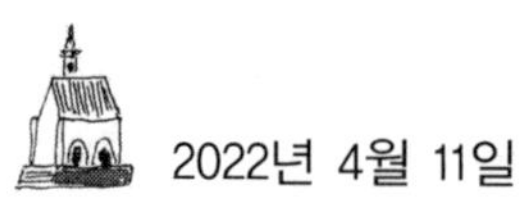 2022년 4월 11일

만남

우리는 학교 직장 사회 신앙공동체 등에서 다양한 사람을 만난다. 그중에는 인연이 되어 평생 친구가 되거나 영원히 잊지 못할 은인이 된다. 어떤 사람을 만나느냐에 따라 가는 길이 달라지고 삶과 운명도 바뀐다. 그렇기에 우연이든 필연이든 만남은 귀하고 소중하다. 길을 걷던 화가의 눈에 잠시 머물렀던 풍경이 한 폭의 불후의 명작을 남기듯, 우연한 곳에서 바람결에 옷깃을 스친 사람이 내 운명이 되기도 한다. 인생이란 만나는 사람과의 감정과 느낌을 주고받는 여정이다. 그래서 좋은 만남과 인연은 그 사람의 향기가 내 삶에 스며들어 내 인생이 된다.

오래전, 나는 십여 년을 한 달에 한 번 주말에 봉사자들과 교도소봉사를 한 적이 있다. 힘들었지만 보람도 있었다. 헌데 똑같은 일을 하면서도 누구하고 하느냐에 따라 기쁨이 되고 때론 힘든 짐도 되었다. 구성원을 위해 자신을 접고 희생하는 사람이 있는가 하면, 타인에 대한 배려와 이해부족으로 짜증과 신경질만 내는 사람도 있었다. 집에 귀한 손님 오는 날이면, 어리광부리고 떼쓰는 철없는 어린아이처럼 흥겹고 즐거울 자리에 찬물을 끼얹는 힘든 사람도 있다. 같은 일이라도 누구하고 하느냐에 따라 기쁨과 보람의 척도도 달라짐을 그때 알았다. 어디 이뿐이겠는가? 예수님을 만나면 예수님의 길이 열리고 석가모니를 만나면 부처님의 길을 걷듯 어떤 사람을 만나느냐에 따라 가는 길이 달라지고 운명도 달라진다. 결국 사람이다. 좋은 만남이란 바로 기쁨과 행복을 지켜주고 키워주는 빛과 소금 같은 사람이다.

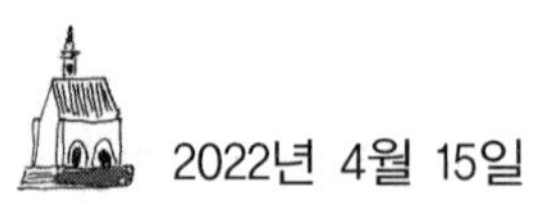

2022년 4월 15일

이 봄날을 어떻게 살 것인가?

우리가 원하든 원하지 않든 아침이면 해가 뜨고 밤이 되면 별이 빛나듯, 어느 누구에게나 똑같은 하루가 주어지고, 어떻게 살아가든 하루가 흘러간다.

누군가의 하루는 기대와 희망으로 또 어느 누군가의 하루는 아쉬움과 후회로 보내게 될 것이다.

바람이 살랑살랑 부는 화사한 봄날에 하늘이 맑은지 꽃이 피는지 느끼지 못하는 사람도 있을 것이고, 짧은 봄날 햇살에 떨어지는 꽃잎을 보고 눈물 흘리는 사람도 있을 것이다.

시간이란 우리가 밀어내거나 붙잡지 않아도 들불처럼 번지는 연둣빛 봄바람이 분홍빛 봄꽃 옷을 입히며 지나가듯, 어느 누군가에게 봄날은 오늘도 이렇듯 자꾸만 멀어져 간다.

7.

봄비 내리던 날

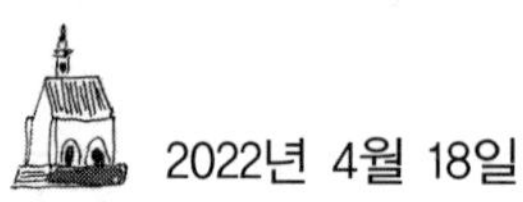
2022년 4월 18일

4월은 잔인하다

다시 거친 비바람이 4월의 봄날을 마구 흔들어댄다.

양재천의 만개한 벚꽃도 견딜 수 없어, 꽃비 되어 낙하한다.

잔인하다.

아침저녁으로 출퇴근하며 양재천을 지날 때마다 잠깐 벚꽃을 구경하고 갈까하다가 코로나 거리두기로 '아직은 때가 아니야' 라며 그냥 지나치곤했다.

후회가 앞선다.

코로나가 어서 물러가기를 기다려본다.

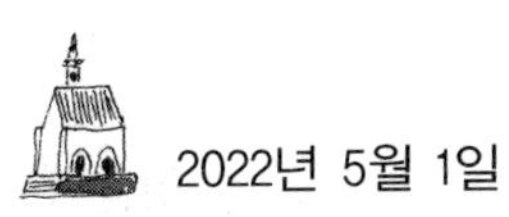
2022년 5월 1일

꽃이 핀다고 봄이 아니다

산과 들에 새싹이 나고 꽃이 핀다고 '봄이 오고 있다'라고 말하는 사람은 봄이 무엇으로 오는지 어떻게 오는지 정말로 모르는 사람의 이야기라 할 수 있다. 마을 앞 나무 사이를 분주하게 오가며 까치들이 짝을 찾기 위해 노래한다고 '봄이 오고 있다'라고 할 수도 없다. 지난 3여 년은 꽃이 피고 새들이 노래했지만 코로나 펜데믹으로 우리는 자유롭게 오갈 수도 만날 수도 없는 봄이었기에 진정 우리가 기다리는 봄은 아니었다.

3년째인 올해 4월 들어, 우리의 평범한 일상을 옴짝달싹 못하도록 꽁꽁 묶었던 코로나가 잠시 물러간 듯하자, 봇물 터진 듯 사람들이 구름떼처럼 카페에 몰리고 여행을 떠나기 위해 붐비는 공항 TV영상을 보면서 새삼 우리에게도 봄이 다시 오고 있음을 느꼈다. 그렇다. 봄은 꽃이 피고 새들이 노래한다고 오는 것이 아니라, 진정한 봄은 우리가 일상에서 겪고 있는 가난

질병 불안 고통으로부터 벗어나, 자유로운 몸과 마음과 영혼에서 시작되는 것이다. 그 따뜻한 봄이 언제쯤 우리에게 다가올 수 있을까.

진정으로 기다려지는 봄이다.

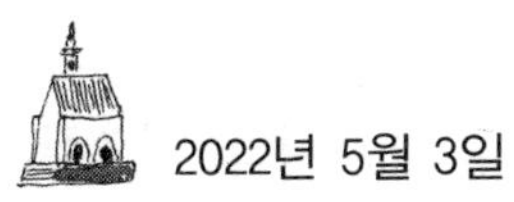
2022년 5월 3일

사람이 가야하는 길

많은 사람들이 옳고 바른길이라고 믿고 가는 길이라 하더라도 누구에게나 반드시 옳고 바른 길이라고는 말할 수 없다. 사람마다 가야할 삶의 길이 같을 수 없기에, 사람들은 사는 동안 각자가 지닌 달란트와 자신만의 방식으로 자신이 믿는 옳고 바른길을 찾아가야한다.

사람답게 살기 위해서는 어느 분야 어떤 공동체에서 무엇을 하며 어떻게 가치 있고 의미 있는 일을 하며 가슴 뛰게 살아갈 수 있는가가 매우 중요하다. 사람들에게 인정받는 직업과 보편적인 신앙과 사회에 봉사하며 살아가면 그만큼 자신의 길을 가는데 안정되고 편하고 쉬울 것이다. 하지만 많은 사람들이 가는 길이기에 그냥 따라가는 것, 내 의지가 아닌 남들에 의한 것, 남들의 시선에 의한 것이라면 그건 옳고 바른 길을 가는 것이라고 할 수 없다. 자신의 자유 의지에 따라 스스로 믿고 선택한 길이 아니기 때문이다. 자신이 옳고 바르다고 선택한 길을 찾아가는 삶은 오로지 자신의 의지와 신념과 가치가 사람답게 살기 위한 것이어야 한다. 옳고 바른길이란 그 자신만이 잘하고 좋아하는 직업을 갖고, 보편적인 가치와 진리를 가진 종교를 선택하고, 사랑하는 배우자를 택할 때도 마찬가지다.

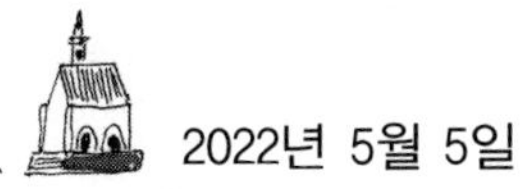 2022년 5월 5일

반반

확실히
5월은 녹음 반, 그늘 반이다.
그래서일까!
나에게 오월은 그리움 반 생채기 반이다.

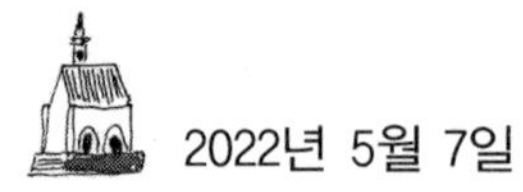
2022년 5월 7일

봄비 내리던 날

아침나절엔 소낙비 쏟아지다 오후엔 바람이 세차게 불었다.

어제에 이어 오늘도 자율휴업일로 학생이 등교하지 않은 학교는 수도원보다 더 조용하다. 천둥과 번개를 동반한 봄비가 장맛비처럼 쏟아져 오전 내내 빗소리만 요란하다. 나는 이런 날이 좋다. 조용조용 내리는 비보다 마른 봄에 장대비처럼 쏟아지는 비가 너무 반갑고 고맙기 때문이다. 봄날 비가 내리는 날에는 굳이 약속하지 않아도 누군가가 조용히 말없이 찾아올 것만 같다. 고국을 떠나 먼 곳에 가 있는 아들에게 비 오는 서울의 날씨와 그간의 안부와 안녕을 전하고 차 한 잔을 뜨겁게 마신다.

특별히 해야 할 일도, 서둘러 해야 할 것도 없어 종일 신미카엘라 수녀님의 산문집 『옷이 열리는 나무』를 재미있게 끝까지 읽었다. 선교사로서 어려운 멕시코 청소년들의 교육현장에서 보고 듣고 느끼고 경험한 28년의 삶의 이야기를 글로 엮어 한 편의 드라마처럼 보여주었다. 이 세상에 태어나 가난하고 어려운 아이들의 미래를 위해 낯선 땅에서 한평생 자신을 바치는 삶은 고귀하고 숭고하지만 자신을 버리는 여정이다. 그 삶은 역경이고 고행이다. 하지만 행복은 자신을 내어주고 비우는데 있다. 수도자의 삶이 그렇다. 한 글자 한 글자 써내려간 글귀마다 공감이고 감동이다.

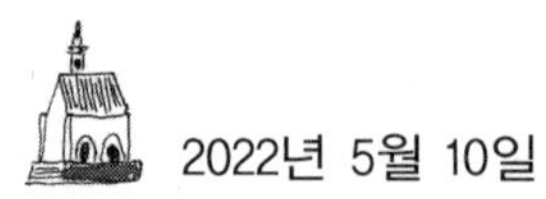 2022년 5월 10일

인간사 새옹지마

살면서 좋은 일만 있을까? 그렇게만 되면 오죽 좋으련만! 인간사 세상사는 그렇지 않다. 좋은 일이 있으면 궂은일도 있다. 인간사란 웃을 일이 있으면 가슴 아파 울어야할 때도 있다. 행복과 슬픔, 고통과 기쁨은 홀로 오지 않는다. 합격과 낙방, 전쟁과 평화, 가뭄과 홍수, 신뢰와 불신, 행운과 불행 등….

그래서 '인간사 새옹지마'라 하지 않았겠는가.

나를 둘러싸고 있는 이 세상에 존재하는 모든 것들은 그것을 바라보고 이해하는 방식과 방향과 시선에 따라 다르게 보이고 달리 생각된다. 그래서 무슨 일이건 좋다 나쁘다, 옳다 그르다, 행복하다 슬프다고 쉽게 판단도 단정할 수도 없는 것이다. 오히려 어떤 상황 어떤 관계 속에서도 선하고 겸손하게 바라보고 새롭고 아름답게 만들어갈 수 있는 힘과 지혜를 달라고 해야 하지 않을까한다.

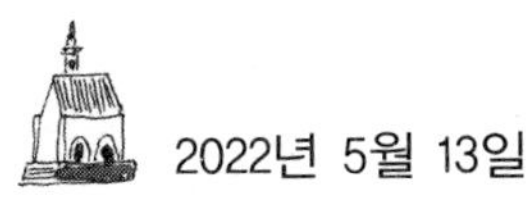

2022년 5월 13일

우면동 생태길

양재천 LH아파트 단지와 우면산으로 연결된 태봉산 생태길을 걸었다.

걸음을 멈추고 가까이 다가가 자세히 바라보니 나무마다 아주 작은 꽃봉오리와 풀꽃들의 눈곱만한 새싹들이 송알송알 대지를 밀치고 올라오고 있다.

자식을 품은 어머니의 포근한 가슴처럼 대지에 나무와 풀꽃과 꽃들이 살아 숨 쉰다는 사실에 그저 감탄할 수밖에 없다.

변함없이 살아 움직이는 생명의 경이로움과 위대함을 이 생태길을 걸을 때마다 보고 느낄 수 있음에 오늘도 감사하다.

질서 있는 자연의 순환처럼 나도 내게 주어진 삶으로 아름다운 희망의 꽃 하나 꼭 피우고 싶다.

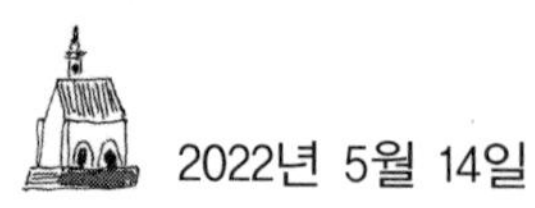

2022년 5월 14일

자식의 행복은 부모의 행복이다

일 년 중 가장 아름다운 계절 5월이다.

결혼을 앞둔 둘째아들과 예비 며늘아기가 서울에서 바쁜 하루 일정을 마치고 직장이 있는 천안으로 내려가고 나와 아내는 하루가 끝나는 해질녘에 한강을 따라 영동대교에서 성수대교를 오가며 걸었다. 한강은 걷고 뛰고 자전거로 달리는 젊은이, 나뭇잎, 풀잎, 강물도 5월을 닮아 푸르고 아름답다.

화창한 봄날에 갑작스럽게 꽃샘추위가 밀어닥친 토요일 아침부터 저녁 늦게까지 현명이 민정이가 예비신랑과 신부가 되어 하루 종일 즐겁고 행복하게 결혼웨딩 화보사진을 촬영하며 결혼준비를 했다. 바쁜 회사생활하면서 천안과 서울을 오가며 결혼준비를 하며 즐겁게 보내는 자식의 모습을 지켜보는 부모로서 나와 아내도 더없이 행복했다. 자식의 행복은 결국 부모의 행복이라는 사실이다. 좋은 인연으로 만나 서로 사랑하고 그 사랑을 오래도록 함께하기 위해 결혼하는 것이기에, 결혼 준비해 가는 과정도 아름답고 즐겁고 행복했으면 하는 바람이다. 오늘도 그런 날의 하루이기를 부모로서 기도해본다.

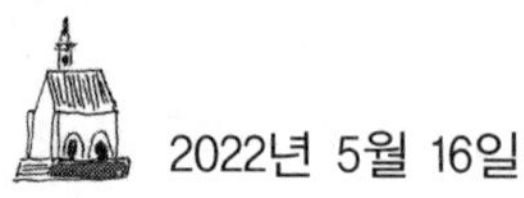

2022년 5월 16일

살다보면

여행을 하다보면 어디로 가느냐보다는 누구하고 가느냐가 즐겁고 재미있는 여행의 첩경이 된다는 걸, 모임을 하다보면 그 모임의 주된 목적보다는 어느 누구누구가 참석하는가에 마음 쓰이고 기다려지는 사람이 있다. 결국 어떤 계획을 세우고 무엇을 하며 어떻게 할 것인가의 가장 중요한 것은 사람이라는 것이다. 모든 것에 사람이 우선하기 때문이다. 무엇을 하든 사람을 만나 인연을 맺는다는 것은 그 사람의 과거 현재 그리고 미래가 어쩌면 통째로 나의 인생에 영향을 미치기 때문이다. 결국 나의 모습인 말 행동 인상 품성 걸음걸이 하나하나가 나를 만나는 또 다른 사람의 인생이 될 수 있다. 그렇기에 나는 오늘도 한 발자국 한 발자국을 함부로 걸을 수 없다. 비뚤어지고 기울어진 길이라도 똑바로 걷기 위해 오늘도 발걸음과 몸을 곧추세워본다.

이제 나도 짧지 않은 세월을 살았다. 하지만 아직도 삶은 여전히 기대와 설렘, 꿈과 희망, 견딜 수 없는 기다림의 연속이다. 앞으로 사는 동안 어떤 행운이 다가올지, 거센 비바람이 불어 닥칠지 알 수 없지만, 나는 모든 일이 잘 되리라 믿는다. 또한 살아갈 날들은 지난날보다 더 신나고 즐겁고 가슴 뛰게 살아갈 수 있으리라 확신한다. 그건 지금껏 살면서 수많은 사람들과의 좋은 인연과 즐겁고 행복했던 기억들이 내 삶을 더 풍성하게 만들어 주리라 믿기 때문이다. 선하고 겸손하게 살아가려는 나의 삶에 좋은 기억들이 따뜻하고 빛나는 추억이 되어 주리라 믿기 때문이다.

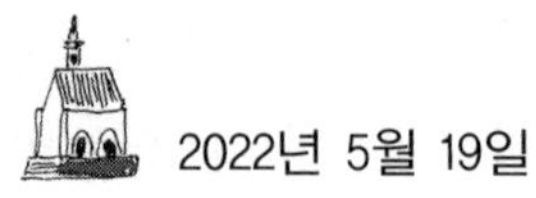 2022년 5월 19일

남산둘레길

서울 한복판에 있는 남산은 북측 순환로와 남측 숲길로 이어진 7.5㎞의 둘레길이 산중턱을 따라 오르내리며 끊김없이 이어져 있다. 인구 천만이 모여 사는 도시에서 나무와 풀과 꽃이 숨 쉬는 산속 둘레길을 가까이서 편하고 쉽게 걸을 수 있다는 건 대단한 축복이다. 청담동 집에서 버스 전철 갈아타고 동국대역에서 하차해 국립극장 앞을 지나 남산둘레길에 들어서자마자 오른쪽으로 방향을 틀어 옛 시가지를 바라보며 잘 정돈된 포장도로를 걸어 순환로를 걷는다. 남산도서관을 지나 남측 한남동 방향으로 꾸불꾸불한 흙길과 숲길 오르막길을 오르내리며 걷다보면 다시 국립극장으로 연결된다. 평일에도 사람이 많아 숲구경 사람구경하며 3시간쯤 걸을 수 있는 이 둘레길은 우리 부부가 서울을 떠나지 않아도 도심에서 사계절 즐겁게 걷는 길이다.

높고 푸른 하늘과 싱그러운 공기와 마지막 봄날의 끝을 밀어내는 뜨거운 햇볕, 나무와 풀잎과 꽃과 새들은 알 수 없는 그들만의 언어로 이야기한다. 나는 귀와 눈과 가슴으로 보고 듣고 느끼지만 아 둘레길을 걸을 때마다 저 생명들과 더불어 살아가고 있음에 고맙고 감사하다. 남산자락 둘레길은 지치고 힘들었던 나에게 '오늘 여길 잘 왔다'라며 쉼과 힐링을 주었다. 어제의 고단함을 남산 끝자락에 내려놓고 다시 내일을 향해 힘차게 하산할 수 있도록 둘레길은 기꺼이 오늘도 나에게 길을 내어주었다.

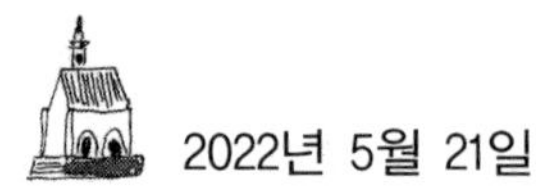

2022년 5월 21일

오늘도 걷는다

어제 걸었던 길을 오늘도 다시 걸었다.

걷는 것이 나의 삶이고 인생이기 때문이다.

어쩜 가깝고 쉬운 길을 옆에 두고 멀리 돌아가는지도 모른 체 말이다. 지금은 희미하나 언젠가는 눈이 부시도록 보일 그런 날이 다가오리라. 아니 분명 두 손에 꽉 잡힐 그날이 다가오리라 믿는다.

사랑하자.

지금 내게 있는 것들을 사랑하자. 그리고 몰입하자.

그러나 사랑하지만 매몰되지 말자.

매몰되면 어두워지고 슬퍼진다.

즐거워야할 사랑이 재미있어야할 삶이 슬프다면 괜히 눈물이 난다.

그래서 오늘도 걷고 걷는다.

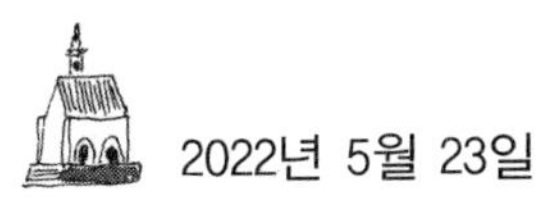

2022년 5월 23일

'지금 이곳'에 열중하자

어제 같은 오늘, 오늘 같은 내일인 그날이 그날인 것처럼 비슷비슷한 날들이라 할지라도 우리는 어제보다는 오늘, 오늘보다는 내일이 더 따뜻하고 빛나고 좋아질 거라 믿으며 살아간다. 또한 앞으로 다가올 날들은 강물이 넓은 바다로 흘러가듯 잔잔하게 흘러갈 거라고 생각한다. 지금 흘러가는 강물이 어제의 강물이 아니듯, 지금 우리가 사랑하는 사람과의 시간도 마찬가지다. 어느 한 순간도 머물거나 멈춰주지도 않아, 지금 이 순간도 흘러간 과거가 된다.

나와 함께하는 사람뿐만 아니라 나 자신에게도 '지금 이곳'이라는 시간을 소중하고 충실하게 사랑하며 살아가야하는 이유가 여기에 있다. 지금 이곳을 소중하게 열심히 살지 않으면 그 시간은 영원히 다시 돌아오지 않기 때문이다. 잘 산다는 것은 지금 이곳에 최선을 다하는 것이다.

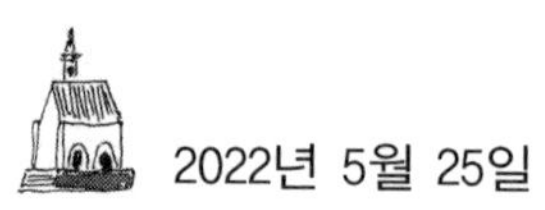

2022년 5월 25일

우면동 태봉산을 오르며

점심식사 후 조선 왕조 월산대군의 태가 묻혀 있는 우면동 태봉산에 올랐다. 햇살이 눈이 시리도록 빛나는 봄날에 나를 닮은 내 그림자도 나를 따라 나섰다. 나는 내 그림자에게 말을 걸었다. 내 말을 못 들은 척 그림자는 조용히 나만 따라왔다. 하지만 그림자는 침묵으로 말했다.

"길섶에 핀 작은 풀꽃은 고운 빛깔로 사람의 마음을 아름답게 하지만 사람의 아들로 태어난 나는 내 향기로 사람을 붙잡지 못해요. 그렇다고 내 삶으로 사람에게 영감도 주지 못해요. 하지만 나는 많은 걸 갖고 있어요. 더 욕심 낼 것도 없어요. 사람들이 바라는 것을 원하지도 강요하지도 않아요. 그저 소박하게 살면 돼요. 그게 제가 바라고 원하는 삶이거든요…."

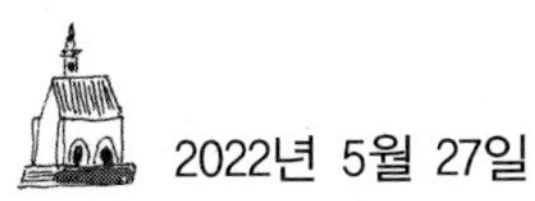

2022년 5월 27일

요즘은 그래!

오늘도
몇 페이지의 글을 읽고
몇 줄의 글을 썼다 지웠다 끄적이며 하루를 보냈다.
나는 내 스스로 만족스런 글을 써본 기억이
요즘 거의 없다.
눈처럼 희고 맑은 영혼이 붓끝에 머물지 않는다.

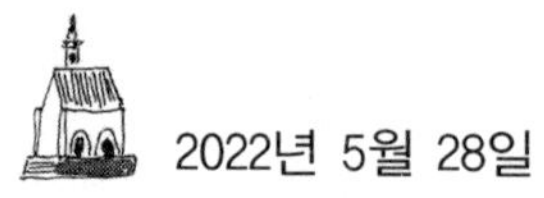
2022년 5월 28일

내가 양보할 수 없는 것들

선하고 겸손하게 살아보려는 나에게도 양보할 수 없는 마지막 선이 있다. 처음부터 함께하기로 한 약속된 술자리가 아니거나, 초대 받지 않은 자리에 참석하는 것은 나는 나에게 허락하지 않는다. 또한 얼굴도 보지 않고 건성으로 손을 내밀어 대충대충 악수를 하는 사람을 나는 양보할 수 없다. 단체나 모임에 참석한 사람들에게 도움도 되지 않는데, 소중한 시간에 내용도 가치도 의미도 없는 말을 자신만이 대단한 무엇인 양 말하는 사람을 나는 양보할 수 없다.

사람들의 삶에서 신념이나 가치관은 모든 사람에게 일반적이고 객관적인 것이 아니며, 사람마다 매우 주관적이고 개인적인 것이다. 나에게 양보할 수 없는 마지막 선이란 바로 내가 믿고 좋다고 생각하는 생활방식일 뿐 모두에게 공통되는 진리나 가치는 아니다. 한 사람의 신념이나 가치관은 다른 사람이 보면 별로 중요하지도 소중하지도 않다. 하지만 나 자신한테는 다른 무엇보다 중요한 이유는 거기에 손을 대거나 양보하게 되면 나 자신이 아니게 되어버리게 때문이다.

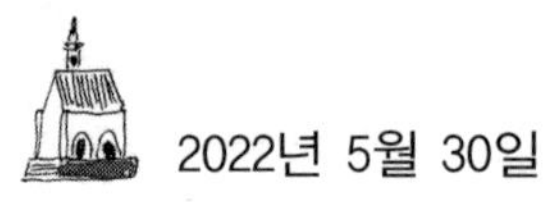
2022년 5월 30일

좋은 인연

한 회사에서 오랫동안 함께 근무했던 옛 동료가 내가 살고 있는 동네로 찾아와 집 근처 음식점에서 저녁식사를 하며 재미있는 시간을 모처럼 가졌다. 같은 부서에서 오랫동안 근무했던 동료는 회사 구내식당에서 늘 점심을 함께 먹었고 출장을 가거나 회식을 할 때도 함께했기에 어쩌면 내 가족보다 더 많은 시간과 희로애락을 나눈 가솔이다. 그는 여러 형제들과 성장해서인지 무슨 음식이든 가리지 않고 잘 먹었고, 성격이 둥글둥글해 인간관계도 좋아 늘 주위에 사람이 많았다. 나는 그의 부지런함과 성실함도 좋아했지만 특별히 친절함과 사교성을 좋아했다. 회사에서는 내가 상사였으나 회사 밖에서는 그는 나를 형님으로 나는 그를 동생으로 서로가 호칭으로 불렀다.

우리가 회사를 떠난 지도 꽤 세월이 흘렀다. 회사 퇴사 후 서로 다른 영역에서 일하며 그와 나는 살아가고 있다. 하지만 세월이 흘렀는데도 우리가 젊은 날의 인연을 끊지 않고 서로가 궁금해 안부를 묻고, 때때로 보고 싶어 멀리까지 찾아와 술 한 잔을 주고받거나, 따뜻한 차 한 잔을 마시며 옛날얘기를 웃으며 할 수 있는 그 인연이 참으로 소중하고 감사하다. 좋은 인연이란 만나면 즐겁고 헤어지면 다시 보고 싶은 그런 것이 아닐까 한다.

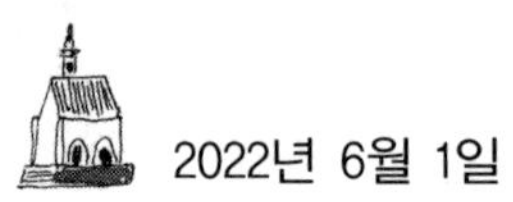 2022년 6월 1일

내가 아닌 것 같다

10여 년 전 썼던 단상글 노트를 꺼내 읽어보았다.
지금의 내가 아닌 것 같다.
그때의 나도 아닌 것 같다.
그때나 지금이나 변한 것 없는데 왜 이리 내가 낯설까.
생각이 바뀐 것일까?
마음이 달라진 것일까?
아니면 그때와 지금을 망각하는 것일까?
그분만이 기억하겠지.

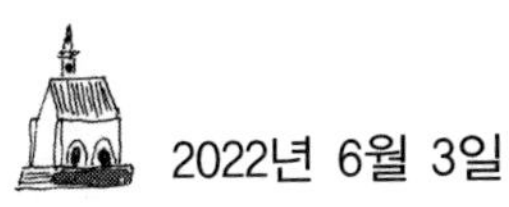 2022년 6월 3일

모든 것은 내 안에 있다

모든 것은 내 안에 있고 나로부터 시작된다.

사랑도 미움도 행복도 불행도 내 안에 있다.

내 안에서 답을 찾아야하기에 나는 내 그림자를 달고 다니는 것이다.

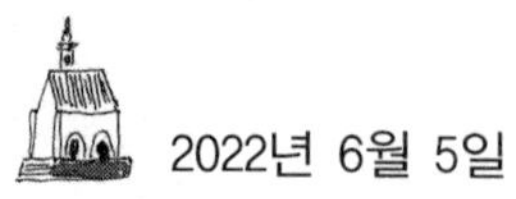

2022년 6월 5일

나를 알아주는 사람이 있다면

이 세상의 수많은 인연들 중에서 나를 인정해 주고 내 모든 것을 있는 그대로 받아들여 주는 사람을 만난다는 것은 참으로 어려운 일이다. 부족하고 모자라고 부끄러운 것이 많고 내세울 것 하나 없는 나를(가장 이해하고 사랑하고 응원하던 가족마저도 때로는 그대로 받아주지 못하는데), 그 누군가가 쓸모 있고 괜찮은 존재로 나를 인정해준다면 그것만큼 기쁘고 행복한 것도 없을 것이다. 그런 상황이 만약 나에게 도래한다면 그 부름에 합당하게 응답하기 위해 나는 있는 힘을 다해 엄청난 노력과 열정을 다할 것이다. 내가 가진 열정과 힘과 노력을 다해 살아가려는 나의 삶이 누군가에게 희망이 되고, 소중한 존재가 될 수 있다면 참으로 값지고 희망찬 인생이 아니겠는가! 가능하다면 오직 나만의 고유한 빛깔과 향기로 어느 누군가에게 한 송이의 아름다운 꽃으로 피어나고 싶다.

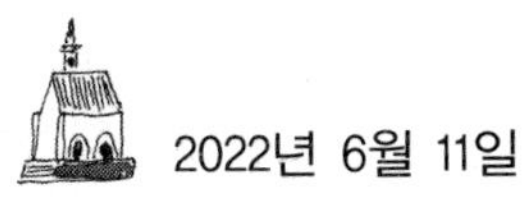
2022년 6월 11일

지금도 그를 사랑하고 있다

바람이 거세질 때마다 하얀 파도가 거칠었다.
그때도 그랬다.
우리는 파도를 보며 서로를 확인했었다.
다시
그곳에서 그때 그를 생각하며 그의 이름을 불렀다.
그가 그곳에 있지 않아도 내가 사랑하고 있음을 알았다.

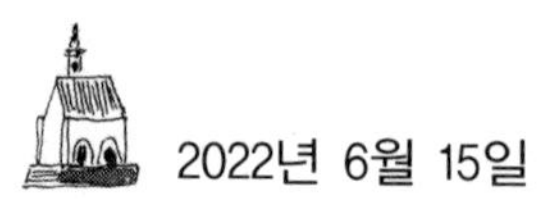

2022년 6월 15일

아름다운 기억이 많다는 건

살아갈수록 아름다운 기억이 많다는 건 큰 행복이고 축복이다.

풀꽃이 만발한 내 고향 함평 들길을 어린 아들들과 걸었던 기억.

펑펑 눈 내리는 날 북한강 찻집에서 향기 진한 커피를 가족들과 마셨던 기억.

한라산 백록담에서 깻잎보다 더 큰 눈송이를 아내와 입으로 받아먹던 기억.

하지만 더 큰 행복은 함께했던 지난날의 아름다운 기억을 생각하면 생각할수록 그때보다 지금이 더 저절로 웃음이 나고 마냥 행복해진다는 사실이다.

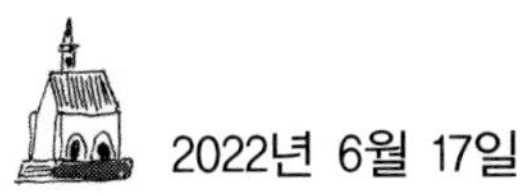
2022년 6월 17일

비

오뉴월 장마철이지만 하루건너 비 내리는 시늉만 한다.
오늘도 비가 아이들 오줌만큼 대지에 흘리고 갔다.
여름 날씨가 참 이상해졌다.
어른스럽지 않다.

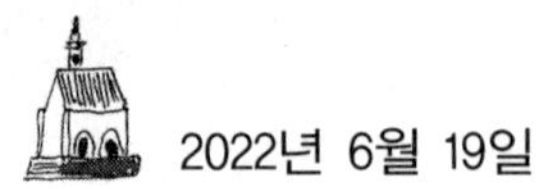

2022년 6월 19일

산에는 참나무만 살지 않는다

좋은 일 선한 일 하겠다는 사람들이 모인 공동체도 여러 사람들과 함께하다보면 내 마음 같지 않은 사람을 한두 명쯤 꼭 만난다.

그럴 때마다 나는 '그래, 산에는 참나무만 살지 않으니까'라고 내 스스로 위안을 하면서 혹 내가 쓸모없는 잡목은 아닌지 되돌아보곤 한다.

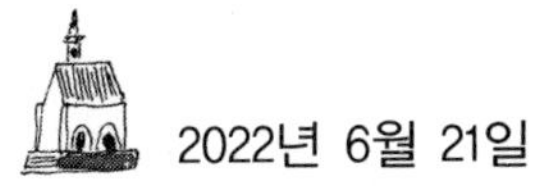

2022년 6월 21일

오늘을 내일에게 양보하지 마라

우리는 가치 있고 의미 있는 것보다는 지나친 욕심 때문에 너무나 소중한 현재인 '오늘'이라는 시간을 잃어버리고 살아간다.

이 세상에 존재하는 것 중에 영원한 것은 어떤 것도 없다.

우정도 사랑도 인연도 영원하지 않다.

그렇기에 오늘을 즐겁고 기쁘게 열정적으로 사랑하며 살아야 한다.

환경과 조건을 탓하지 말고, 누군가에게 자신의 책임을 돌리지 말며, 자신 안에 솜사탕처럼 부풀려진 기대와 욕구마저 비워야한다.

오늘 같은 내일이라 할지라도 결코 오늘을 내일에게 양보하지 말자.

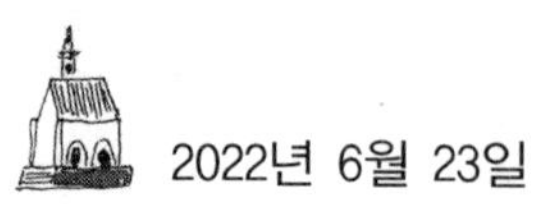

2022년 6월 23일

한강을 아내와 걸으며

엊그제 하루가 끝나는 해질녘 한강을 아내와 둘이서 걸었다. 한강을 걷기 시작한 것은 우리가 한강과 가까운 청담동에 살면서부터라서 30여 년이 넘었다. 아마 한강은 우리 부부가 걸으며 나눈 대화를 모두 들었으니 일거수일투족의 소소한 일상까지도 기억하고 있을 것이다. 이 한강을 걸을 때면, 아내는 둘이서 걷는 길은 외롭지도 힘들지도 않다고 했다. 그냥 맘이 든든하다고 했다. 말하지 않았지만 나도 그렇다. 둘이서 걷는 길은 서로에게 말하지 않아도 가슴 뿌듯하게 다가오는 그 무엇이 있다. 젊은 날의 순례자처럼 내 가슴에는 아내를 위해 기도하는 마음이 있다. 아내의 뒷모습만 보아도 아내의 마음을 안다. 아내의 발자국소리, 목소리만 들어도 아내의 마음을 느낀다. 아내의 마음은 내 나침반이기 때문이다. 어디에 어느 이름으로 살아가든, 살아온 날들보다는 살아갈 날들이 더 희망차고 행복한 날들로 채워지기를 소망한다. 오늘도 아내에게 반지 끼워주던 첫날처럼 사르려 했다. 아내와 내 삶을 진한 물감으로 붉게 물들이고 싶다. 사랑은 물감이다. 마치 해질녘에 세상을 붉게 물들이는 저녁놀처럼 새로 출발하는 날들은 사랑으로 붉게 물들일 것이다. 아니 붉게 물들여지고 말겠다.